高校第二课堂
思想政治工作载体创新研究

GAOXIAO DI-ER KETANG
SIXIANG ZHENGZHI GONGZUO ZAITI CHUANGXIN YANJIU

周航 等 著

西南财经大学出版社
Southwestern University of Finance & Economics Press
中国·成都

图书在版编目(CIP)数据

高校第二课堂思想政治工作载体创新研究/周航等著.—成都:西南财经
大学出版社,2021.7

ISBN 978-7-5504-4365-5

Ⅰ.①高…　Ⅱ.①周…　Ⅲ.①高等学校—思想政治教育—研究—中国
Ⅳ.①G641

中国版本图书馆 CIP 数据核字(2020)第 000030 号

高校第二课堂思想政治工作载体创新研究

周航　等著

责任编辑:李晓嵩
助理编辑:冯雪
封面设计:何东琳设计工作室
责任印制:朱曼丽

出版发行	西南财经大学出版社(四川省成都市光华村街 55 号)
网　　址	http://cbs.swufe.edu.cn
电子邮件	bookcj@swufe.edu.cn
邮政编码	610074
电　　话	028-87353785
照　　排	四川胜翔数码印务设计有限公司
印　　刷	四川五洲彩印有限责任公司
成品尺寸	170mm×240mm
印　　张	11
字　　数	206 千字
版　　次	2021 年 7 月第 1 版
印　　次	2021 年 7 月第 1 次印刷
书　　号	ISBN 978-7-5504-4365-5
定　　价	68.00 元

前言

习近平总书记在全国高校思想政治工作会议上强调："高校思想政治工作关系高校培养什么样的人、如何培养人以及为谁培养人这个根本问题。要坚持把立德树人作为中心环节，把思想政治工作贯穿教育教学全过程，实现全程育人、全方位育人，努力开创我国高等教育事业发展新局面。"面对新形势、新任务，创新思想政治工作载体不仅是提升思想政治教育针对性和实效性的必然要求，也是回应社会信息化、教育现代化的必然趋势。

第二课堂作为高校开展思想政治工作的重要平台，是思想政治教育的延伸和重要补充，加强第二课堂思想政治工作载体研究，既迭代升级了思想政治教育的传统观念，也发展了思想政治工作载体的理论，丰富了载体的实践内容。习总书记多次强调要重视和加强第二课堂建设，重视实践育人，坚持教育同生产劳动和社会实践相结合，广泛开展各类社会实践，让学生在亲身参与中认识国情、了解社会，受教育、长才干。创新第二课堂载体，使第二课堂围绕、丰富、服务第一课堂，不仅有助于对学生专业学习能力和科研能力的培养，而且可以提高学生的实践能力，同时，对提升高等教育质量和人才综合素质也大有裨益。

本研究在对高校思想政治工作相关理论进行总结分析的基础上，对第二课堂思想政治工作载体形式及创新策略做了理论分析和深度思考。书中选取了仪式教育、榜样教育、主题教育活动、高校志愿服务、大学生社会实践、家校联动教育、网络思政教育七种模式，探索和分析高校

第二课堂思想政治工作载体的制度设计和优化途径。

　　本研究共有八章。第一章主要从理论的角度阐述高校思想政治工作的内涵、意义、现状，第二课堂思想政治工作载体研究，以及运用现状、面临形势及创新策略；第二章深入解读仪式教育的含义及重要性，通过调研分析指出仪式教育在开展过程中存在的问题，并结合典型案例提出优化仪式教育的路径；第三、四章以案例为切入点，主要探析如何补齐榜样教育自身的短板及实现大学校园主题教育活动内容的多元化；第五章从高校志愿服务是我国志愿服务的重要力量这一现实出发，强调高校志愿服务要体现精准化、专业化、社会化，实现志愿服务的可持续发展，巩固服务成果；第六章指出大学生社会实践是思想政治理论和实践教育的转换器，为此要健全和丰富社会实践教育体系，优化社会实践育人机制；第七章阐述了家校联动教育的意义，并在此基础上探析了构建高校思想政治教育家校联动机制的有效途径；第八章强调了网络思政教育的作用和深远影响，提出了促进此种思想政治教育工作载体发展的对策性思考。

　　本研究由周航领撰，向巧、肖婷、陆嘉、范乐乐、廖愉平参与编写。参加本研究编撰的老师都是工作在一线的思想政治教育的辅导员、团委老师、分管学生工作的领导，他们结合工作实际，在丰富的案例中提取对本研究有价值的素材作为支撑，一方面增强了本研究的信度和效度，另一方面也为今后更好地从事学生教育工作提供了思路和启示。最后，谨向付出了艰辛劳动的全体编写人员致以崇高的敬意，也向各位读者朋友表示衷心的感谢。

编者

2020 年 12 月

目　录

第一章　概论

第一节　高校思想政治工作的内涵、意义及现状

一、高校思想政治工作的内涵

思想政治工作，即思想政治教育工作的简称，亦称思想工作或思想教育。思想政治工作是一定的阶级和政治集团，为实现一定的政治目标，有目的地对人们施加意识形态的影响，以转变人们的思想和指导人们行动的社会行为。从思想政治工作的特点和对象来看，它的本质就是做人的工作。

高校学生在成长发展的过程中，难免会因为认识偏差、经历差异和文化影响等情况引发和衍生出思想问题，而且高校学生在形成和树立正确的世界观、人生观、价值观时需要通过外界的指引及时纠正自身的偏差，因此高校政治工作的作用十分重要。

习近平总书记在全国高校思想政治工作会议上从宏观和微观的两个层面对高校思想政治工作进行了完整概括和深刻阐述："高校思想政治工作实际上是一个解疑释惑的过程，宏观上是回答为谁培养人、培养什么样的人、怎样培养人的问题，微观上是为学生解答人生应该在哪儿用力、对谁用情、如何用心、做什么样的人的过程。"①

从微观层面和具体工作上看，高校思想政治工作主要是解答学生应该在哪儿用力、对谁用情、如何用心和做什么样的人的过程，这个过程是高校思想政治工作花费时间精力最多最重也是最有成效的。对基础教育阶段来说，其教育对象和学校的主要精力是以学习和考取好的成绩为中心任务的，而且中小学生

---

① 石国亮. 破除高校思想政治工作认识和实践的误区 [J]. 中国青年社会科学, 2017, 36 (2)：9-17.

的意识认知还处于稚嫩的状态，缺乏独立的思考能力，学校易于开展思想政治工作，也比较容易取得较好的教育效果。而随着年龄增加，高校学生不再处于片面的、单一的学习环境，而是逐渐向社会过渡，他们会受到更多的社会文化影响，而且大学生知识水平相对更高，兴趣更为广泛，其探索自我、表达自我的观念更强，思想也更加独立。再加上他们要面对的情感、求职、社会热点、价值追求等现实问题，也都对大学生的思想产生着影响和冲击。习近平总书记在北京大学师生座谈会上指出："面对世界的深刻复杂变化，面对信息时代各种思潮的相互激荡，面对纷繁多变、鱼龙混杂、泥沙俱下的社会现象，面对学业、情感、职业选择等多方面的考量，一时有些疑惑、彷徨、失落是正常的人生经历。关键是要学会思考、善于分析、正确抉择，做到稳重自持、从容自信、坚定自励。"高校大学生在面对挫折、疑惑、彷徨时，如果高校思想政治工作者都及时出现并做好工作，对他们加以指引，将会帮助大学生驱除思想和心理的阴霾，让他们重振精神。

从微观层面认识高校思想政治工作的同时，我们更应该从宏观层面理解高校思想政治工作的深刻内涵。习近平总书记强调培养什么样的人、如何培养人、为谁培养人的问题，这是从历史担当和社会使命的高度，提出高校思想政治工作必须回答的问题，也正是这些问题，能从根本和方向上，指导微观思想政治工作的开展。

高等教育的立身之本在于立德树人，其职责就解答了"怎样培养人"的技术问题，其社会作用更是要求回答好"培养什么样的人以及为谁培养人"的价值问题。这就说明高校思想政治工作要切实把握好其微观和宏观的内涵，紧紧围绕学生、教育学生、培养学生，不断提高学生的思想政治水平、培塑学生的道德品质和文化素养，让学生成为德才兼备、全面发展的人才，成为思想政治坚定，能肩负起历史和社会所赋予的使命的人才。

二、高校思想政治工作的意义

当前我国综合国力大幅提升，国际地位和影响力空前提升。中国正处于实现中华民族伟大复兴的关键时刻，在这重要时刻，我们对具有丰富知识，能推动国家发展、促进社会进步的卓越人才有着比任何时刻都要强烈的渴求；对担负教育培养功能的高校有着比任何时刻都要深的期待。高等教育肩负着培养德智体美全面发展的人才的职责，更肩负着培养社会主义事业建设者和接班人的重大任务。

（一）坚定社会教育主义办学方向

我国高等教育的办学宗旨是"为人民服务，为中国共产党治国理政服务，为巩固和发展中国特色社会主义制度服务，为改革开放和社会主义现代化建设服务。"习近平总书记指出，高校建设的根本目标是办好中国特色社会主义大学。作为我国社会主义文化建设的重要组成部分的高校，其本质属性就要求必须始终不渝地坚持社会主义办学方向，服务于我们党确立的我国发展的现实目标和未来方向；及时解决好高校学生的思想政治问题，使他们懂得政治、祖国前途和人类理想，做全心全意为人民服务的人，成为社会主义事业的建设者和接班人。我国高校是党领导下的高校，因此我国高校的思想政治工作，就是坚持党的领导的政治实践，就是把党的理想信仰、理论和政策的道理，灌输到学生的头脑中，内化为学生的思想原则，外化为学生的实际行动，从而保证高校始终成为培养社会主义事业建设者和接班人的坚强阵地。

（二）有效保证党对高校的领导

思想政治工作从来就具有阶级性，在整个无产阶级发展壮大的过程中，思想政治工作发挥着极端重要的作用，最初的革命斗争就是通过思想政治工作来发动和领导无产阶级，并且在长期的斗争实践中，思想政治工作也逐渐成为我党工作的重要组成部分。党和国家的历代领导人对思想政治工作都有着深刻的论断："思想政治工作作为政治斗争的中心环节，是我党最大的特色，最大的优势。"高校作为育人主阵地，更是党的建设发展的基础。高校完备的党组织体系是党的骨架，高校培养教育的学生群体更是党员新生力量的主要源泉。扎实开展好高校思想政治工作，强化理想信念教育和爱国主义教育，引发高校学生对党的情感认同和归属依赖，使之成为信党爱党、听党话跟党走的后备党员力量。当前，面对新的形势，习近平总书记明确指出："我们正在进行具有许多新的历史特点的伟大斗争，面临的挑战和困难前所未有，必须坚持巩固、壮大主流思想舆论，弘扬主旋律，传播正能量，激发全社会团结奋进的强大力量。"高校的思想政治工作，是其在开展高校工作的具体抓手和着力点，只有坚定不移地推进高校思想政治工作才能确保党的路线方针政策在高校的贯彻落实，才能真正实现党对高校的领导。

（三）有利于推进党和国家事业的发展

培养什么人，如何培养人以及为谁培养人，是我国社会主义高等教育事业发展中必须解决好的根本问题。党中央为了提高我国高等教育发展水平，增强国家核心竞争力，做出了加快建设世界一流大学和一流学科的战略决策。办好我国高校，办出世界一流大学，必须牢牢抓住全面提高人才培养能力这个核心点，并以此带动高校其他工作。高校培养的学生，是未来社会主义建设的主力军，他们的政治素质和知识能力的高低直接关系到中国特色社会主义事业的兴衰成败，关系到中华民族的前途命运。高校对学生来说不仅仅是专业学术上的培养器皿，更是思想意识、理想信念的熔炉和锻造场。"思想政治工作从根本上说是做人的工作，必须围绕学生、关照学生、服务学生，不断提高学生思想水平、政治觉悟、道德品质、文化素养，让学生成为德才兼备、全面发展的人才。"同时，高校思想政治工作必须"因事而化、因时而进、因势而新，让学生感受到信仰的力量和真理的力量，感受到党的伟大与党的事业的伟大，让广大学生汇聚在党的伟大旗帜下，奋发向上、同心协力，从而推进党和国家事业不断发展，永续发展！"①

三、高校思想政治工作的现状

随着时代进步和社会发展，高校思想政治工作也不断向前迈进，但新形势下高校思想政治工作在面临机遇的同时也存在许多新的挑战②。

从高校思想政治工作的积极方面看：

一是全面深化改革有效促进高校改革。经济体制的改革推动了高校的改革，在管理教育体制上，教育、教学方式的改革激励着高校教育必须奋发向前以适应时代的发展。

二是社会竞争机制建立，催生学生内在动力。当前社会竞争日趋激烈，就业形势的严峻和自身能力的不足迫使学生必须端正自身的思想态度，认真学习科学文化知识，不断丰富和提高自己，如此才能满足社会需要，才能从众多竞争对手中脱颖而出，才能实现自己的理想目标和价值追求。

三是科技带动教育发展。各种新兴技术的使用，特别是多媒体等信息技术的推广和使用，极大地丰富了思想政治教育内容，拓展了思想政治工作的开展方式，让高校学生置身在知识的世界，徜徉在科技的海洋，也让学生更加深入地认识到科学文化的魅力和价值。

四是国家对高校政治工作更加重视。我国国家领导人历来重视思想政治工作，更是将高校思想政治工作列为党的事业的重要组成部分。如习近平总书记在全国高校政治工作会议上，对高校思想政治工作进行定位，为高校政治工作的开展指明了前进方向。

然而，在经济浪潮冲击下，拜金主义导致一些人价值观扭曲，外来文化侵

---

① 倪松涛，朱拓.加强新形势下高校思想政治工作探析 [J].中国高等教育，2017（9）：25-28.

② 高峰.新形势下高校思想政治工作的现状与对策 [J].延安大学学报（社会科学版），2008（3）：112-114.

袭也给高校思想政治工作带来不利影响。

一是部分学生政治鉴别力不强，理想信念不坚定。如部分学生对西方敌对势力的错误引导和扭曲宣传不能正确认识，缺乏独立的思考能力和鉴别力，盲目轻信歪理邪说，不经意间受到影响和侵蚀，最终导致其从对社会主义制度的"支持"变为"怀疑"，甚至被误导煽动，进而支持或产生不良的行为和言论。

二是部分学生价值观产生偏差。大学生群体视野开阔、思维敏锐，对新生事物接受能力强，但是又对传统文化缺乏深刻认识，对敌对势力的思想渗透缺乏认识，有时会经不住外来思想的影响腐蚀。而且随着市场经济发展，大量物质财富积累，有的学生产生了功利性、享乐性的心理和价值追求，盲目追逐金钱和物质，没有对国家和社会做出应有贡献，也忽略了对自身价值的实现。

三是思想政治工作亟待创新。虽然高校思想政治工作从社会主义制度建立之初就开始探索并实践，然而高校学生思想随着时代变化而不断变化，高校学生面临的社会环境也不断变化，传统的思想教育内容、方式、方法、机制等已经不能满足当前高校学生思想政治工作需要；要想真正抓住高校学生的关注点，确实需要更大的努力。加之有的高校在真正落实时，对思想政治工作喊得多做得少，渠道、载体、措施都落实得不深不细，导致"讲起来重要，做起来次要，忙起来不要"的情况发生，直接影响高校思想政治工作效果。

第二节　第二课堂思想政治工作载体研究

一、第二课堂思想政治工作载体定义

载体一词在科学技术上指某些能传递能量或运载其他物质的物质。在生物、化工以及 IT 等领域中，有其固有的含义。载体这一词最早是作为一个科学技术术语出现于化学领域，后随着科学综合化趋势的发展，此概念才逐渐被引入社会科学领域，并在众多学科中广泛使用。20 世纪 90 年代后，随着思想政治教育研究的深入，载体具有的承载性功能也被运用于思想政治教育领域，并讨论发展出多种形式和观点：

一是"形式说"观点。即思想政治教育通过某种形式来实现其教育功能，在此定义下的思想政治教育载体是指思想政治工作者为确保思想政治工作有效开展而采用的各种形式，例如活动、文化、管理、传播媒介等。

二是"活动说"观点。即思想政治教育通过活动的方式来实现，在此定义下的思想政治教育载体是指具有思想政治教育因素的事物发挥教育作用的活动及过程。它通过丰富多彩的活动形式，把教育内容渗透其中，使人们在参与活动的过程中，能够潜移默化地受到感染、熏陶和教育。

三是"物质形式和活动形式结合"观点。即思想政治工作中起承载功能的内容信息，或者能够为思想政治工作所运用，使思想政治工作主客体之间相互作用的活动和物质实体①。

此外，教育界对思想政治工作载体还有"工具论""中介论""要素论"等观点。

目前，思想政治教育学界对思想政治教育载体普遍认可的定义是指在实施思想政治教育的过程中，能够承载和传递思想政治教育的内容或信息，能为思想政治教育主体所运用，促使思想政治教育主客体之间相互作用的一种活动形式和物质实体②。第二课堂思想政治工作载体就是结合第二课堂开展思想政治工作、传递思想政治工作信息能力的客观存在。

二、第二课堂思想政治工作载体分类

第二课堂思想政治工作载体的类型大致可以分为教育教学、校园文化、实践活动、日常管理、传播媒介五大类，它们相互补充、相互促进，共同构成高校学生思想政治工作载体体系③。第二课堂思想政治工作载体按照活动形式、组织对象、实施范围等可以划分为不同类型。

1. 第二课堂思想政治工作载体按活动形式划分

第二课堂思想政治工作载体按活动形式划分包括：教育类活动载体、文体类活动载体、实践类载体。其中教育类活动如主题教育活动、重大纪念活动、专题学习活动、节日庆典活动；文体类活动如比赛竞技、文化交流、演讲辩论、书画会展等；实践类活动包括社会调研、教育下乡、青年志愿者等。

2. 第二课堂思想政治工作载体按组织对象划分

第二课堂思想政治工作载体按照组织对象可以分为院校活动、党团活动、社会团体活动。院校活动包括比赛竞赛、先进评选、院系特色活动、毕业实习，以及勤工俭学等由院校部门组织开展的活动。党团活动主要是以党团组织

---

① 张耀灿，郑永廷，吴潜涛，等. 现代思想政治教育学 [M]. 北京：人民出版社，2006：392.

② 曾令辉，贺才乐，陈敏. 思想政治教育载体研究的回顾与展望 [J]. 思想教育研究，2014（10）：17-25.

③ 任建波，谭成. 对新形势下高校思想政治教育有效载体的思考 [J]. 江西教育科研，2006（3）：34-36.

开展主题党日、"三会一课"、党务知识比赛等涉及党组织和团组织的活动。社团活动是指由以高校社团为组织者开展的知识宣讲、兴趣培养、技能训练、爱好活动等。

3. 第二课堂思想政治工作载体按实施范围划分

根据思想政治工作开展实施范围主要可以分为院校思想政治工作和社会实践两类。院校思想政治工作载体主要在学校范围内，依托校内平台和组织开展思想政治工作，例如校内开展的各项主题教育活动、文化交流、知识竞赛等。社会实践类思想政治工作载体主要包括毕业实习、工厂调研、参观见学以及其他在社会背景平台下开展的思想政治工作。

4. 第二课堂思想政治工作载体按历史发展来划分

根据思想政治教育载体历史发展可以划分为传统载体、现代载体和未来载体。传统载体主要是指政治教育初期使用的谈话活动、教育教学、典型载体等。现代载体是指新兴的载体模式，包括网络载体、管理载体、新媒体载体、心理咨询载体、文化载体等。而未来载体是在将来发挥和拓展思想政治工作载体功能作用的发展新形式。

5. 第二课堂思想政治工作载体按其他形式划分

除了前面按照组织形式、开展范围、实施对象以外，第二课堂思想政治工作载体还有以实施载体性质、组织开展方式来划分的载体类型。如依托网络平台开展的网络思政载体，以宿舍文化为纽带的宿舍载体，以及通过学生、家长、社会联动协作实施思想政治工作的载体形式。

从上面内容可以看出，第二课堂思想政治工作载体分类按照划分标准不同而不同，然而不同的载体形式却是对第二课堂思想政治工作载体的具体内涵的丰富和发展。本研究在后续的篇幅中将以仪式教育、榜样教育、主题教育活动、高校志愿服务、大学生社会实践、家校联动教育、网络思政教育为主要研究对象，进一步深入研究第二课堂思想政治工作载体。

三、第二课堂思想政治工作载体功能

第二课堂思想政治工作载体的功能就是通过活动承载、实体传导来实现思想政治工作的目的并发挥思想政治工作作用。其主要具有如下功能：

（一）教育引领功能

第二课堂思想政治工作载体的思想引领功能是其主要功能，大学生思想政治工作根本目的就是促进大学生形成与时代和社会相适应的思想道德品质，践行解决"如何培养人"的问题。帮助学生树立建设中国特色社会主义的共同

理想和正确的人生观、价值观、世界观，强化大学生的爱国主义、集体主义，培养深化公民意识，引导大学生自觉肩负社会和历史赋予的使命担当。第二课堂思想政治活动以寓教于乐的方式吸引大学生群体积极参与其中，在潜移默化和春风化雨中影响大学生的思想，以发挥思想培塑作用。

（二）思想激励功能

第二课堂思想政治工作载体的思想激励功能是指通过对载体的运用来引导和调动大学生群体充分发挥个人主观能动性和创新创造力，以不断提高自身思想道德素养。在思想政治工作开展过程中，通过积极向上氛围的熏陶，使大学生在活动中自觉和不自觉地受到影响，从而激励自己不断突破、奋发向上，实现自我的价值追求或者在优秀个体的影响下和与优秀个体的互动中不断进步。

（三）凝心聚力功能

第二课堂思想政治工作载体的凝心聚力功能是指通过第二课堂思想政治工作载体运用，增强大学生的凝聚力和向心力，使大学生群体得到有效整合，发挥更佳效能。通过思想政治工作载体，吸引广大学生群体参与进来，引导学生团结协作、群策群力、奋发向上、积极作为，展现出新时代大学生群体青春、知识的风采。特别是在由国家、民族、社会举办的大型公益性活动中，大学生群体主动参与、主动作为、主动奉献的精神和状态将影响和带动整个社会，比如"义务献血""乡村支教""科技扶贫""爱心资助""抗战纪念"以及"军烈属慰问"等活动。第二课堂思想政治工作载体有效激发大学生爱国热情和社会担当，大学生群体的齐心协力和精诚团结，在影响身边学生的同时，更是向社会宣扬了正能量。

（四）服务支持功能

第二课堂思想政治工作载体的服务支持功能是指在第二课堂思想政治工作载体运用中解决学生和社会实际问题时所发挥的作用。高校思想政治工作涉及高校学生生活的方方面面，从入学之初到毕业就业，甚至会影响其一生，特别是随着时代和社会发展，大学生面临的新情况和新问题更加复杂，对大学生进行思想政治教育的同时，更要加大对其实际问题的关注力度。从过去围绕解决大学生贫困的问题，发展到如何保障大学生心理健康问题，从毕业实习到就业规划建议，大学生思想政治工作的服务支持也不断发展。有效运用第二课堂思想政治工作载体的服务支持作用也从单一、简单走向多元、复杂，其服务支持作用的发挥也更加有效和全面。

第三节　第二课堂思想政治工作载体运用现状、面临形势及创新策略

一、第二课堂思想政治工作载体运用现状

第二课堂作为高校开展思想政治工作的重要平台，是课堂思想政治教育的深入延伸和重要补充，具有十分重要的作用。第二课堂思想政治工作载体研究极大地丰富了思想政治教育载体的理论，充实了思想政治教育理论体系的内容，有效提升了大学生思想政治教育的实效性。在第二课堂日益受到各高校重视的今天，第二课堂思想政治工作载体的运用取得了许多成绩。主要表现在以下几个方面：

（一）改变了思想政治教育的传统观念

在传统高校思想政治工作中，大学生群体往往作为思想政治工作的受教者和工作对象，在地位上一直处于"劣势"的从属地位，面对高高在上的思想政治工作权威，基本上属于服从和被灌输的状态，教育模式也一直是"教师怎么教，学生就怎么学"，思想政治工作开展因循守旧，缺乏有效的沟通和互动交流。第二课堂思想政治工作载体有效运用之后，对传统教育观念、教育者与学生之间的地位以及教育方式进行了改变。一是丰富生动了思想政治工作方式。谈及思想政治工作开展，大家第一反应就是理论宣讲、要点背记、知识结构图梳理，这些传统方式能在短时间内让学生记录下部分知识，但是不能真正达到影响思想、培塑精神的目的。第二课堂在组织思想政治教育活动时，应通过不同的活动方式、组织形式让思想政治工作开展更加让人喜闻乐见，教育效果得到深化。二是改变了思想政治工作中主导和从属关系。一直以来，在思想政治工作中，教育者处于主体地位，起着主导作用，思想政治工作开展基本上是"一边倒"的形势，大学生在受教过程中少有机会发挥自己的主观能动性。第二课堂思想政治工作载体的运用把过去的被动接受改变为主动吸纳，学生群体的主导地位逐步上升。三是改变了思想政治工作"灌输式"教育模式。思想政治工作本身存在理论性强、内容相对枯燥的特点。传统思想政治工作开展容易落入强制"灌输"的问题，导致政治工作出现开展的效果不理想，甚至灌输式教育引发学生抵抗和厌恶情绪等情况。第二课堂思想政治工作载体可有效拉近思想政治工作和大学生距离，在提高大学生对思想政治工作重要性认识的同时，增强他们学习的自觉性和主动性。

（二）发展了思想政治工作载体理论和丰富了载体实践内容

在思想政治工作中，对于载体的研究一直较少。但随着思想政治工作开展，载体研究随之发展，关于思想政治工作载体的研究也不断增多，并逐渐同思想政治工作方法、模式区分发展成为一个完整体系，为思想政治工作研究提供了支撑和补充。高校作为思想政治工作的重要阵地，一直以来都是发展实践思想政治工作的重要平台。近年来，第二课堂思想政治工作载体广泛运用于校院活动，如演讲比赛、竞赛活动、社会实践、文艺演出等。高校将思想政治工作思想主题融入其中，让大学生在校院活动中潜移默化受到感染和熏陶。同时，一些新的载体在思想政治工作中得到运用。如文化载体，校院文化建设营造出浓厚的文化底蕴，社团文化活动宣扬正能量等都起到了传播思想的作用。另外，新兴技术和媒介也被运用到思想政治工作中来，如微信公众号、互联网平台，以及音视频介质等让思想政治工作开展更加形式多样，思想政治工作者将新媒体、新技术转化为教育载体，更加契合学生的需要，迅速占领了思想政治工作阵地，为思想政治工作开辟新思路，找到了新载体。

（三）有效提升了大学生思想政治工作实效性

实效性是衡量思想政治工作开展的根本依据，第二课堂思想政治工作载体的运用对大学生思想政治起到了较强的促进作用。首先，有利于大学生思想政治品德培养。相对于传统思想政治工作，第二课堂思想政治工作载体的运用让思想政治工作形式更加生动，让教育内容更加形象具体。同时，大学生可以通过载体直接将学习知识内化，例如在主题教育活动中，让学生亲身感悟，更能取得直接、深刻的效果。载体运用也让大学生将理论同实践结合起来，实践性的活动模式让学生对思想政治教育的中心思想更能弄懂、学深、悟透。其次，有利于促进大学生成长成才。载体运用改变了思想政治工作的方式，深化了内容。让大学生在活动和实践中受到影响和熏陶，而且大学生在主动参与思想政治工作的过程中，其组织能力、协调能力、知识面、个人实践以及社交能力都得到极大的锻炼。例如工厂实习能帮助大学生积累实际经验；社会调研能促使大学生提高调研和写作能力；乡村支教则在提高大学生教学能力的同时，也为当地文教工作做出贡献，取得较好的社会效益。因此载体的运用在影响大学生思想品德的同时，对大学生个人能力、综合素质都有极大的促进作用，进而实现了大学生德、智、体、美、劳全面发展的目标，可以真正达到一举多得的效果。

二、第二课堂思想政治工作载体面临的形势

第二课堂思想政治工作载体的有效应用取得了良好的效果，但是对于促进

和提高思想政治工作仍有较大的发展空间，需要进一步努力。

（一）载体灵活运用亟待提升

思想政治工作效果取决于教育者对工作的具体开展情况，第二课堂思想政治工作载体虽然具有很多优点，但是如果不有效运用也难以达到预期效果。目前在载体运用中主要存在三个方面问题：一是高校思想政治工作者对载体认识不充分，导致载体使用缺乏灵活性、有效性。惯性思维下的教育者对传统教育方式比较认可，因此在选择使用新兴载体时采取消极或回避态度，直接影响思想政治工作载体作用的发挥。二是载体运用面狭窄，未能及时全面覆盖到思想政治工作。思想鲜明、主题突出的活动通常都能得到思想政治工作者的关注和认同，例如主题教育宣讲、核心价值观讨论、国防教育等，但是对其他活动的渗透影响效果就不够理想，甚至出现对部分活动放任的态度，让一些本可大有作为的活动仅仅成为学生娱乐的方式，放弃了教育引导的机会。三是教育效果不理想。虽然有的教育工作者能够及时掌握时机将思想政治工作有效融入载体中，并影响和熏陶部分学生，但是在活动之后，学生群体谈及感受时则表现出对思想发掘不够、认识不足的情况，导致教育活动流于形式，走了过场。

（二）载体运行保障有待加强

作为新兴的工作载体，第二课堂更需要各方面大力配合支持，但现实情况不容乐观。一方面是载体运行环境得不到保障。载体作用发挥很大程度依赖于运行环境的支持，许多形式新颖、主题突出的活动常常因为环境不允许而夭折。例如社会实践活动需要到实习企业、工厂开展，但是出于安全考虑等原因，无法开展。再如参观见学，对人文景观的参观要求统一带队，要求组织纪律，导致参观走流程。另外一方面是缺乏有效的物资支持和机制保障。目前，高校开展第二课堂思想政治工作缺乏必要的物质条件，已经成为制约载体运行效果的重要因素。经费不足使得思想政治工作开展效果大打折扣，甚至直接无法开展，因经费引发的场地保障、物资准备、教学资源等一系列问题都使得载体运用难以为继。而相关人才配备、制度落实、机制运行等长效性问题更是难以在短时间内解决，因此第二课堂思想政治工作只能立足于现有条件发掘内在动力，谋求工作开展实效。

（三）载体创新实践亟待突破

第二课堂思想政治工作探索实践是随着思想政治工作面临新形势、新特点发展而来，具有研究时间不长，理论体系不完备，实践经验累积不多的特点，载体运用也是处于边完善、边运用的过程。因此，目前存在以下问题：一是现有载体运用经验仍有欠缺。在思想政治工作载体体系中，不同载体具有独有的优缺点，而思想政治工作内容与思想政治工作载体的选择配合上并无固定模式，这对思想政治工作者的个人素质有着极高要求。虽然，当前各高校对思想政治工作载体使用已经十分广泛，但是在大部分思想政治教育实践中，没有将多种载体整合使用，还是以单一载体对应单一教育内容为主，并没有实现各载体之间的相互补充和促进。二是思想政治工作受众对载体更新需求日益强烈。相较于当下快捷网络、电子媒介、海量资讯，传统的老师讲、学生听的方式已经对学生没有吸引力了，面对知识爆炸的今天，要抓住大学生群体的关注点，并持续产生影响已经越来越难。

三、第二课堂思想政治工作载体创新策略

习近平总书记在全国高校思想政治工作会议上强调：高校思想政治工作关系高校培养什么样的人、如何培养人以及为谁培养人这个根本问题。当前高校思想政治工作面临新形势，作为思想政治工作的重要方面的思想政治工作载体创新刻不容缓①。

（一）加强对现有思想政治工作载体的提升与优化

思想政治工作载体形式日益多元化，对思想政治工作发展起到极大促进作用，虽然随着时间的推移，部分载体形式不能很好地适应当前工作需要，但仍有被发掘的潜力。一是丰富、充实新的教育内容。现有载体运用时间长，已经具备较为丰富的使用经验，工作效果稳定，对其内容进行填充也能达到提高效能的作用。例如可以在传统的组织爱国主义宣讲、"红色文化"宣扬等活动中，适当引入播放优秀视频、邀请老红军讲红色经典、重走长征路等内容，弥补形式的不足。二是强化对现有载体的运用。思想政治活动过程中，组织方式对效果取得有着重要影响。在思想宣讲、社会实践、勤工俭学等活动中，把握组织环节、灵活设计活动形式、围绕教育重点，让活动开展之后学生自觉受到启发和教育，让教育效果得到加强和深化。

（二）加强思想政治工作载体融合创新

加强大学生思想政治教育活动载体建设，必须结合新时期大学生思想政治教育的目标、内容和大学生自身的特点、需求以及载体本身的特点②。一是结合活动主题做好载体创新。如结合社团载体的思想政治教育，着力突出"育人"功能，结合对社团的管理和指导，凝聚起学生喜欢的社团，发挥好社团

---

① 林照峰.大学生思想政治教育现代载体研究［D］.武汉：中南民族大学，2012.
② 姜丽霞.大学生思想政治教育活动载体的运用现状及建设研究［D］.重庆：西南大学，2010.

的作用；结合大学生就业活动推动载体搭建，可以通过组织讨论报告会、社会实践、开展就业心理健康教育、邀请校友座谈等方式帮助学生了解就业知识，提高就业、创业能力；结合助学工作推进载体建设，组织学生座谈会、自强报告、感恩演讲、辅导咨询等活动，激励学生自强独立，自信感恩。二是发挥载体特征组合谋求更大效益①。在思想政治工作载体体系中，各载体存在连接共存的关系，所以在思想政治工作载体使用过程中，通过优化载体组合，扬长避短，形成载体合力，实现对思想政治工作载体的创新。

（三）加强新思想政治工作载体探索实践

为满足高校不断发展的思想政治工作需求，我们必须对思想政治工作载体进行探索和创新。任何能够有效支撑、传播、宣传高校思想政治工作目标内容的手段、方法、媒介都可以成为思想政治工作载体②。一是积极吸纳运用科技新成果③。不断提高高校思想政治工作的科技含量，借鉴和采用最新科技成果，提高思想政治工作效能。充分发挥电视、广播媒体，手机、平板、电脑等移动终端等媒介作用，以实现政治工作开展形式多样化，内容生动具体化，效果影响深入化。二是积极运用人文社科研究新成果。在创新发展思想政治工作载体的工作中，部分教育者通过结合人文社科成果也大大提高了思想政治工作效能。运用社会学、心理学、行为学等研究成果，增强第二课堂思想政治工作的说服力和感染力。结合大学生生涯设计、心理咨询辅导、情景模拟彩排等方式强化思想政治工作参与互动，变大学生被动参加、受教为主动参与学习，提高了大学生参与政治工作的积极性和主动性，有效提升了政治工作的效果和影响力。

---

① 陈佳. 高校思想政治教育载体有效运用研究 [D]. 锦州：渤海大学，2017.
② 刘甲珉. 谈高校思想政治工作的载体建设 [J]. 青岛教育学院学报，2001 (3)：9-12.
③ 同②。

第二章 仪式教育

"仪式感"是当前比较热门的一个词汇，所谓"仪式感"，是人们表达内心情感最直接的方式，是对生活报以认真、尊重、敬畏且热爱的一种态度。"仪式"是"仪式感"的载体，它为每一个普通的日子和动作，标定了背后的精神内涵。生活需要仪式，教育更需要仪式。《左传》有云："中国有礼仪之大，故称夏；有服章之美，谓之华。"作为古老文明的礼仪之邦，我们得益于仪式的感染和教化功能，因此重视和提倡仪式教育。仪式教育的力量在于"塑造"，而非"灌输"，经过精心设计的仪式教育指向的目标一定是内外兼修的结果。高校仪式教育厚植于校园文化，发挥着特殊的育人功效，是高校宝贵的教育资源和精神财富。充分利用仪式教育，对提升思想政治教育的吸引力和实效性大有裨益。目前，高校中的仪式教育取得了丰富的实践成果，但在具体开展过程中还存在一些问题和不足。面对困境，我们需要厘清仪式教育的内涵与外延，明确其背后的价值，了解其发挥作用的机理，从而更好地以此为路径加强对大学生的思想政治教育工作。

第一节 仪式教育的理论概述

对"仪式"的解读，在不同的语境、不同的研究领域有不同的注解，它既可以是字典中的一个普通词汇，也可以是一个被赋予特殊含义的宗教程序；既可以是一种心理上的诉求，也可以是一场庆典或者表演。"仪式"内涵的复杂性决定了其表现形式的多样性，若对此不加以基本的限制，就很难进一步展开研究。因此，本章节重点论述"仪式"及"仪式教育"的内涵。

一、仪式教育的内涵及其功能

(一)仪式的概念

根据中国古代文化典籍的记载,仪式大致有四种解释:一是仪式可作"法"解。《朱熹集传》中载:"仪、式、刑,皆法也。"苏辙的《皇太后答书》中载:"将仪式于文考,以教孝于诸侯。"二是指典礼的秩序形式。欧阳修的《归田录》中云:"(刘岳)不暇讲求三王之制度,苟取一时世俗所用吉凶仪式,略整齐之,固不足为后世法矣。"三是指仪态。汉代王粲的《玛瑙勒赋》:"御世嗣之骏服兮,表骙骙之仪式。"四是指测定历日的法式制度。《后汉书·律历志中》:"及用《四分》,亦于建武,施于元和,迄于永元,七十余年,然后仪式备立,司候有准。"

由此可以看出,古时对仪式的理解已经较为宽泛。到现在,仪式的内涵更是得到了大量扩充。由于研究领域不同,仪式被赋予了特定的含义,但无论以何种视角窥视,仪式都具有以下特点:第一,仪式是在特定的地点,以特定的周期进行;第二,仪式是一种具有程式化、规范化的行为;第三,仪式被赋予了特定的文化寓意。鉴于此,笔者认为,仪式是指具有特定周期,被赋予了特定的文化寓意,在特定的场合进行的一种具有程式化、规范化的活动或行为。

(二)仪式教育的内涵

从广义上讲,任何人类活动都可以衍生为仪式。在学校教育中,仪式被赋予更多道德教化的功能。让一些有意义的活动和行为通过仪式在学生心中催化出丰富的情感体验,会比一般的教育手段产生更持久的效果,这就是仪式教育产生的初衷。本研究所指的仪式教育,是指教育工作者通过一系列具有象征性、承载着特定文化寓意的活动或程序,有目的、有计划、有组织地对教育对象施加影响的一种教育方式。仪式教育的核心要义是,从仪式的角度进行教育实践活动。作为校园文化的组成部分,仪式教育对彰显大学精神、引导学生正确的价值取向发挥着重要作用。根据其自身的演进规律和发展历史,仪式教育基本形成了以下五种类型。

一是身份型仪式教育,即标志身份和角色发生变化的仪式活动,如开学典礼、毕业典礼、入党仪式等。二是纪念型仪式教育,即纪念重大事件或重大人物的仪式活动,包括庆祝型和铭记型。比如,校庆就属于典型的庆祝型仪式活动,纪念"一二·九"运动、参观校史馆等就属于铭记型仪式活动。三是竞赛型仪式教育,即通过比赛、竞争的方式进行的仪式活动,如运动会、辩论赛、科技活动月等。四是榜样型仪式教育,即通过树立先进典型,引导学生积极向上的仪式活动。如感动校园人物颁奖、优秀毕业生宣传、大学生讲坛等。五是日常型仪式教育，主要指在日常的学习生活中，将一些行为和活动格式化、规范化。包括上下课仪式、礼貌问好、班会等。仪式教育根据不同的目标、价值取向，有不同的类型划分，尽管侧重点不一、形式多样，但都指向一点——发挥强大的育人功效。

（三）仪式教育的功能

传统意义上讲，仪式教育重在道德教化、政治教化，这也是仪式教育的基础性功能。当仪式教育进入高校，除了发挥基础性功能之外，还有以下重要功能：

1. 隐性教育功能

隐性教育是与显性教育范畴相对、作用互补的一个概念，它是指在宏观主导下通过隐藏目的、无计划、间接、内隐的社会活动使受教育者不知不觉地受到影响的教育过程。仪式将抽象的道理投射到较容易把握的感官符号之中，比如雕像、景观、舞蹈、队列、饰物等，而不是投射到由推理、权威堆砌出来的理论、教条。正是通过语言、行为、器物等象征符号，仪式建构情境，传递特殊意义，发挥隐性教育的功能，学生很容易在参加仪式活动中，潜移默化地接受价值信念、道德语言，这一逻辑顺序与隐性教育不谋而合。高校仪式教育承载着丰富的校园文化内涵，其隐性教育价值就通过特定的仪式符号和情景得以实现。以毕业典礼为例，拨穗仪式代表着学生们圆满完成了学业；校长致辞寄托了学校、师长对毕业生的殷切希望；毕业生发言表达了学生的感恩之情；毕业视频播放记录了大学四年的美好时光。毕业典礼给毕业生带来了强烈的获得感，同时还激励鼓舞了在校大学生，这就是一场仪式的价值，是隐性教育的重要输出。

2. 情感聚合功能

"仪式象征符号是情感的催化剂"①，仪式"能够唤醒、引导和控制各种强烈的情感，比如仇恨、恐惧、爱慕以及忧伤"②。借助不同的手段、情境、场域，仪式活动可以催化参与者的情感，具有较强的感染力和凝聚力，以宗教仪式最为突出。回溯远古时期，面对大自然的神秘莫测和不可征服，人类的祖先怀着敬畏、讨好、驱逐的复杂心理，尝试通过各种巫术或祭祀活动与某种超能

---

① 维克多·特纳. 象征之林：恩登布人仪式散论 [M]. 赵玉燕，欧阳敏，徐洪峰，译. 北京：商务印书馆，2012.

② 维克多·特纳. 仪式过程：结构与反结构 [M]. 黄剑波，柳博赟，译. 北京：中国人民大学出版社，2006.

力沟通。受到仪式气氛的影响，个人微弱渺小的情绪汇聚到周遭的情感洪流之中，被压抑的个性得到了宣泄、释放和升华，现世苦难所带来的悲观和绝望也得到了舒缓和化解。如今国庆盛典、重大纪念日、运动会、开学典礼等大型仪式活动都通过盛大场景、考究流程聚焦参与者的目光，升华参与者的情感体验。人们复杂的情绪在同一时刻酝酿交融，聚集中又强化了集体意识，增强了集体力量。

3. 文化认同功能

不同的地域、不同的文化背景滋养出来的人存在客观现实的文化差异。而文化认同是人们对于文化的倾向性共识与认可。仪式与文化认同有着某种天然的关联，作为一种媒介，仪式对加强或者削弱文化认同有重要作用。首先，仪式可以是一种文化符号，渗透在日常生活的方方面面，比如舞蹈、祭祀、庆典。它们除了具有符号的表意和释义功能，还体现着一个民族的文化，包含着一个民族的思想倾向与精神意识。民族文化的传承就是通过仪式的符号化得以延续和发扬的。其次，仪式往往通过精神加冕的形式把人们以团体或共同体的形式凝聚在一起，强化民族的信仰精神力量，这也是不断增强个人身份感和归属感的过程。最后，仪式强调对社会关系的维系，文化认同也强调这种维系，在特定的社会中，仪式会影响人们对社会规范以及文化价值观念持有的态度。

二、高校开展仪式教育的重要性

（一）仪式教育是思想政治教育的重要载体

时代和社会的进步给高校思想政治教育工作带来了机遇和挑战。创造性地探索和利用新兴媒介、教育手段，增强思想政治教育工作的吸引力和实效性是目前摆在思想政治教育工作者面前的重要使命。大学是学生角色向社会角色过渡的重要时期，也是学生世界观、人生观、价值观塑形的重要阶段，所有教育内容、教育环节和教育手段的设置都至关重要。对历史事件和社会现实的内容、意义进行相应的选择，把优秀的传统文化与先进的社会主义文化进行高度的嫁接融合并通过仪式的形式呈现出来，对学生来说接受度更高，受益性更强。仪式教育作为思想政治教育的有效载体，实现了日常教育内容的凝聚与教育效果强化的双重效应，仪式教育的内容深刻地烙印在学生的意识里，外化在学生的行动中，学生通过仪式教育收获了来自思想政治教育的启示与帮助。

（二）仪式教育促进教育过程中的目标实现

教育目标是一个动态化的指标体系，若干的过程指标达成之后，才能最终指向结果的实现。仪式教育同样是一个动态的过程，包括设计、准备、组织、动员、宣传、实施和总结等环节。作为一种外在的表现形态，仪式体现、承载、传递着特定的教育目标和价值导向，很容易为学生感知，同时对学生整个教育过程和以后的学习生活历程也影响深远。为此，教育工作者应结合学校思想政治教育的总体目标的具体要求，根据学生不同发展阶段的特殊性，设计出相应的仪式教育活动，使学生处于连续的、动态的受教育过程。仪式教育一方面可以促进教育内容的充分展现，另一方面使教育的针对性大大增强，更容易激发学生内心深处的自我认同，进而升华为学生的自我约束和自我要求。

（三）仪式教育能充分整合教育资源

仪式涉及知识传授、价值观传递、协同行动、思想引领等多方面，同时还涉及个人文化与修养，其存在的价值赋予每位大学生的学习生活不同的意义。仪式教育在高校，通常是以群体达到促进个体意义和价值的发现，进而发挥出鼓舞、激励、凝聚的作用。在思想政治教育的具体实践中，仪式无处不在。不管是大型隆重的开学典礼、感动校园人物颁奖、优秀毕业生事迹宣讲，还是日常的上下课问候、主题班会等，仪式都渗透于教育的每个环节。思想政治教育工作者要抓住仪式活动的契机，将仪式承载的教育形式与内容统一起来，充分发挥仪式的思想政治教育功能。在仪式中强化、升华现有的教育形式，通过仪式加强对教育的过程把控，大力促进教育资源的有效整合，扩大教育对象的覆盖面。

（四）仪式教育促进个体角色实现

学校根据大学期间不同的政治使命和教育目标采取不同的仪式形式，学生则成为其中的一个角色。仪式教育可以帮助学生完成角色体验和角色实现。具体来讲，在一定的仪式情境之下，学生很容易受周围情绪的感染，从而获得心理体验和思想情感上的熏陶，同时被仪式的庄重气氛信服，产生强烈的认同感、使命感和自豪感。这个角色体验的过程，能够使学生主动地将个人融入班级、学校、社会中思考，意识自己对他人的价值和意义，认清自己对集体发展的职责和使命，进而克服思想上的狭隘，把自己的关注视角和影响指数转化为一种重要的力量，努力提升自身素养，完成从角色体验到角色实现的转变，实现人生价值的最大化。

第二节　仪式教育在高校开展的现状及存在的问题

目前，国内高校都比较关注和重视仪式教育。仪式，以其多样的表现形态和强大的功能属性，在高校思想政治教育中发挥着举足轻重的作用。然而，高校在仪式教育的实施过程中，实践成果丰硕但零散，就整体的实施现状及有效开展的路径还缺乏较为系统和全面的论述。那么，教师和学生对仪式教育的参与度和认同感如何，就仪式教育还有哪些意见和建议等，这些困惑都需要我们进一步了解和分析。

一、"高校仪式教育开展现状"调研分析

笔者选取了自己所在的高校作为研究样本（以下简称"C 校"）。C 校是一普通本科院校，在仪式教育的开展过程中，C 校各有侧重和特色，比较具有代表性。本研究采取问卷调查法和访谈法，较全面地掌握了 C 校仪式教育实施现状，为下一步研究提供了客观翔实的基础数据。

（一）调查目的

本调查力求根据研究方案设计的基本思路与构想，对高校仪式活动现状进行系统性调研和梳理，主要涉及以下几个问题：

（1）学校开展仪式教育的主要内容和具体形式；

（2）在现有的仪式教育活动中，哪些受到学生欢迎，收到良好的反馈和效果；

（3）对仪式教育开展的目的、过程、方法等存在质疑的地方；

（4）教师和学生对更好开展仪式教育的建议。

（二）调查过程

1. 调查对象

高校仪式教育实施现状研究是一个带有普遍意义的课题，笔者在充分考虑研究样本代表性的基础之上，特选取了自己所在的学校作为调研对象。这一考量除了对本校情况熟悉、便于收集资料以外，还在于该校有丰富的仪式教育资源，每个年级都有自己的特色仪式活动，学校层面的大型仪式活动具有连续性。在具体调查对象的选择上，笔者综合考虑了样本的全面性，在四个年级分别投放了 60 份调查问卷，跟踪回访毕业生 30 名，教师代表 60 名。在统计收回的有效调查问卷中，在校学生共计 215 份，其中大一 57 份，大二 50 份，

大三 56 份，大四 52 份；毕业生收回 27 份；教师共收回 54 份，其中辅导员 29 份，专业课教师 21 份，中层干部 3 份，校领导 1 份。

2. 调查方法

本研究主要采取问卷调查法和访谈法。问卷调查的设计分为两部分，一是学生卷，主要从定量的角度客观、全面地了解大学生对仪式教育的需求、评价和建议；二是教师卷，力求从教师的角度分析设置仪式教育的目的、开展的效果等。通过不同的角度和站位，综合反映仪式教育的开展现状。此外，笔者还对个别学生、教师进行了深度访谈，以掌握更翔实的资料来佐证和补充问卷调查的结论，力求提升研究的广度、深度和效度。

（三）调查结果

根据调查的数据、统计与分析，笔者得出以下结论：

1. 仪式教育开展的总体效果比较好

开展仪式教育的目的不是强行灌输和直接说教，其核心要义是将道德规范、价值观念、行为标准等通过活动感染、熏陶、影响、塑造学生，让教育的目的以春风化雨的形式滋养学生的内心。在 C 校，经常开展的仪式教育活动有：新生开学典礼、升旗仪式、毕业典礼、感动校园人物颁奖、大学生讲坛等。每一个仪式活动都有明确的目标指向，各自发挥着重要的育人功效。根据对学生的问卷分析，68% 的学生选择收获了启示和感悟，21% 的学生认为效果不大，还有 11% 的学生觉得没有任何效果。由此可知，仪式教育总体发挥出了应有的功效，但仍然无法满足相当一部分学生的需求，如何修正和改进，这也是本研究的出发点和意义所在。

2. 学生对仪式教育的认可度有明显差异

在调查中，笔者发现学生对仪式教育的喜欢程度随着年级的升高呈下降态势。学校根据学生不同阶段的心理需求和教育目标，设置了相应的仪式活动，以实现教育的递进和延续。但调查结果显示，高年级学生相较于低年级学生不管是在参与度还是兴趣度上都大打折扣。大一、大二、大三、大四学生表示愿意参加仪式活动的比例分别是 87.6%、61.3%、50.5% 和 31.4%。除此之外，学生干部、党员相较于其他同学更愿意参加仪式教育活动。这些数据和客观事实是复杂因素的综合结果，但确有必要通过进一步地了解、分析，从仪式的角度对教育形式、内容、方法等方面加以改进，让学生从漠然、抵触、抗拒变为积极主动的适应、吸纳和接受。

3. 学生的参与度是决定仪式教育成功与否的关键因素

结合调查问卷和对部分学生的深度访谈，笔者发现学生参与度越高的仪式教育活动，给他们的印象越深刻，受欢迎程度也越高。在"你最喜欢的仪式教育活动"这一题目中，92.6%的毕业生选择了毕业典礼，远远高于其他选项。这个结果在意料之外也在情理之中，华盛顿儿童博物馆墙上的一条格言给出了最好的解释：I hear and I forget，I see and I remember，I do and I understand.（我听了就忘记了，我看了就记住了，我做了就理解了。）毕业典礼是每一位毕业生都要参加的仪式教育活动，部分学生的家长也会到场参加。仪式主要涉及4个环节：颁发毕业证书并授予学位；毕业生代表、校友代表、教师代表发言；毕业生为教师代表、家长代表献花；校长致辞。学校通过这场仪式，把学生在校四年发生的点点滴滴串联成一首青春赞歌，鼓舞着他们更好地前行。由此带来的启示是：教育工作者需要全盘考虑每一位学生发展的需求，扩大受众，创设参与机会，增强教育效果的普适性。

4. 教师和学生对仪式教育的认知、感受不尽相同

仪式教育在C校有着丰富的实践，教师们对此并不陌生，也都有自己的体验和感受。调查显示，关于仪式教育的一些基本理念，大部分教师持正面评价。比如，在仪式教育的育人功效方面，在回收的54份有效问卷中，有42人认为很有用，占样本总量的77.8%，有10人觉得部分有用，占比为18.5%。可见绝大部分教师认同仪式教育开展的必要性。此外，大部分教师也都认可"仪式本身具有教育意义""应坚持开展仪式教育"等。这些良好的反馈为学校继续深入有效地开展仪式教育注入了一剂强心针。然而，在调研中笔者发现：教师和学生对仪式教育活动所持的态度有出入。例如，老师们认为学生喜欢的仪式教育活动应该是"内容丰富""形式多样""有一定主题"的，而学生却将"自己受到重视""有参与和展示机会"放在首要位置。这些观念的差异直接影响了活动开展的效果。因此，教师作为仪式教育的主导者，必须转变思维导向，以学生为本，认真倾听学生的诉求，充分尊重学生的意愿，让学生成为仪式教育活动中的真正主角。

二、高校开展仪式教育存在的问题

传承至今，仪式教育在高校思想政治教育中发挥着越来越重要的作用，是人才培养不可或缺的一部分。然而在实际开展过程中，仪式教育的价值未得到充分显现，呈现出各种问题。结合此前的调研结论，笔者认为，目前高校开展仪式教育存在以下问题和弊端：

（一）仪式教育主体对仪式教育认知不足

仪式教育主体既包括实施主体也包括受教育者。一个完整的仪式教育过

程，包含准备阶段、实施阶段以及效果评估阶段。仪式主体对仪式教育认知不足主要体现在以下三个方面：一是某些有价值的仪式在高校中没有开展，仪式教育资源未得到充分利用。例如升旗仪式只在有重大活动时进行，开学典礼只涉及新生，主题班会形同虚设等。基于工具理性思维影响下的教育理念，只注重学生专业知识的增长，对学生的精神诉求充耳不闻，再加之仪式活动往往耗财耗时耗力，教育者往往敷衍对待。二是实施主体缺席仪式教育的效果评估阶段。当仪式活动结束后，人们从热闹喧嚣回归平静生活，高涨的情绪很快平复，仪式教育所起的作用也日趋减弱。诚然，仪式活动的结束并不意味着教育的终止。学生有什么样的收获和反馈，如何巩固、加强仪式教育的效果，这些都是不容忽视的问题。教育者只有对仪式活动的效果进行跟踪评估，才能总结反思，提炼经验教训，从而不断优化实施方法，促进下一次仪式活动的更好开展。三是受教育者对仪式活动的目的和意义缺乏了解和认同，参与度低。参与度包含参与数量和参与质量两个方面。仪式的群体性既是数量上的集合，也是价值观念的趋同与共享，这些都离不开大学生的亲身参与和体验。有的学生受功利思想的影响，认为仪式活动跟评优评奖、拿毕业证、学位证都不挂钩，参不参加都无所谓，索性能不去就不去。有的学生虽然到了现场，但身在曹营心在汉，无法全身心融入仪式教育的情境中。这些问题都导致了仪式教育资源的严重浪费，阻碍了学生参与度与仪式教育效果的良性循环。

（二）仪式教育的形式和内容关系处理不当

仪式的一大特点是具有形式性，形式的存在是为了突显内容，两者共生于仪式的过程中，缺一不可。事实上，高校往往未能平衡兼顾，或出现重形式轻内容的情况，或陷入重内容轻形式的困境。前者的危害表现为仪式的形式主义，缺乏人文关怀和文化内涵；后者的局限在于仪式的简化，阻碍仪式内容完整的表达。就仪式的形式主义来讲，有的仪式活动只注重排场、规模，忽视了仪式教育本身应该呈现的内容。仪式教育承担着高校文化建设的重任，理应赋予其深刻的文化内涵。然而，实践中要求凑人数的现象比较普遍，参与者甚至不需要了解仪式教育活动的背景和意义，只要凑足人头即可。这种做法除了给新闻报道多一点吹嘘的画面支撑之外，毫无意义。不仅如此，此举严重挫伤了学生参与的积极性，违背了教育规律和学生的心理需要。过于形式主义的仪式教育，不免会被贴上"表演"的标签，学生对仪式的体验意义降至冰点，甚至容易激发起学生的冷漠和抵触情绪。那么突出仪式内容，简化仪式程序呢？基于各种原因，一些仪式活动开展不延续或是一些重要事件缺乏仪式支撑。例如，升旗仪式是难得的爱国主义教育契机，但在很多高校并没有成为规定动作，很大程度上削弱了相关教育的完整性和连续性。再如，党员入党宣誓，这是标志身份的一个重大转变，是严肃而光荣的政治活动，很多高校却省去了这一环节，或集中在一次活动中突击进行，白白浪费了一次宝贵的党员教育机会。在内容特定的前提下，仪式过程设置越详尽、越规范，仪式参与者的接受意愿就越强烈、态度也会越端正。我们的仪式教育效果也越明显。此外，仪式符号的完整性也是仪式内容充分表达的必要条件。在重大活动中，校歌、校旗、校徽是承载特殊意义的重要符号，它们不仅是对学校历史文化和办学特色的浓缩，还是仪式内容表达不可或缺的载体。

（三）仪式教育缺乏时代性和创新性

仪式教育有一套自成的体系和规律，具有一定的稳定性，但这并不意味着仪式教育就得一成不变。只有充分挖掘仪式教育的时代价值和特色亮点，才能保持其强大的生命力。世界上没有完全相同的两片树叶，同理，也没有两所完全相同的大学。作为呈现校园文化和办学特色的窗口，大学仪式不仅需要具备仪式的一般特点，更要有自己的特色和亮点。实践中，各高校的仪式教育活动大同小异，普遍存在时代性不足、创新性不强的弊端。时代性不足的问题主要体现在以下三个方面：一是墨守成规、照本宣科。例如，很多仪式活动都设有讲话环节，但这个环节恰恰是参与者比较反感的。究其原因包括：发言内容空洞无物，大话套话不接地气；发言人照本宣科，不带情感没有情绪，难以引导学生融入仪式场景和主题中，无法让学生产生共鸣。二是简单移植其他高校的特色仪式活动，没有结合自身的文化生态进行考虑，从而导致"水土不服"，难以发挥应有的教育效果。三是内容的时效性和手段的现代化仍有待提高。有些仪式活动不紧扣新形势下的新命题，一味采取既定模式和教育内容，滞后于时代的发展。有些仪式活动明明可以借助新媒体手段扩充形式、丰富内容、扩大影响力，主办者却置若罔闻，以致教育效果不尽人意。创新性不强表现在高校很多仪式活动同质化严重，学生不仅很难从中汲取充分的"养料"，还白白浪费了宝贵的时间。随着经济社会的发展，大学生的精神诉求和文化审美在不断提升，高校若不结合自身特色开展有价值的仪式教育，一定程度上会导致学生产生抵触和敷衍情绪，从而制约校园文化的传承、挖掘与发展。

（四）仪式教育的相关机制有待完善

一方面，仪式教育的评估机制有待完善。仪式教育的过程顺利与否很容易被判断和评价，但效果如何就很难被量化和评估。仪式教育评估的本质是对教育效果做出价值判断，即判断仪式教育是否满足学生的精神需求，是否契合学校的培养目标，是否符合社会发展进步的需要。对培养学生来说，文化知识的掌握、专业技能的习得是可以通过作业、考试、实操等方式进行量化评估的，但思想道德、文化修养的提升，却很难通过指标具体量化。此外，教育效果在时间上具有滞后性。一般情况下，仪式教育不会产生立竿见影的效果，参与者有一个接受的过程，当他们将传递的价值观念内化于心、外化于行时，才算真正掌握。不仅如此，影响效果发挥的因素还具有多样性。对学生进行思想政治教育绝非一朝一夕之功，也不是光靠一种手段就能达成，还受受教育者自身素质、接受意愿、道德秉性的影响，因此仪式教育所起的作用也不尽相同。例如，大学生诚信意识的加强，既可以受仪式教育的影响，也可以受新闻媒体的影响，还可以受社会大环境的影响。仪式教育评估是一个复杂的过程，要考虑多重因素，还要分清影响因素的主次关系以及是否相互影响等。

另一方面，仪式教育的激励保障机制有待健全。某些高校的仪式教育实施受阻，并非校领导、教师重视不够、动员不力，而是欠缺仪式教育实施的良好环境，如师资力量匮乏。高校专门负责实施仪式教育的机构主要是学生处和团委，这两个部门的老师本身数量不多还身兼其他事务，且仪式教育开展的效果跟个人业绩并不挂钩。专业课教师教学科研任务重，更没有时间和精力去设计仪式教育的方案，参与活动的组织实施。激励保障机制的不健全势必影响实施者的积极性，因此敷衍应付，使活动流于形式的现象屡见不鲜。仪式教育是一套完整的体系，相关机制未形成完善的系统和结构，是制约仪式教育效果的根本原因。

第三节　开展仪式教育的典型案例及对策建议

在高等教育事业不断发展、仪式教育作用日趋凸显的今天，我们比以往任何时候都需要重视仪式和典礼。作为精神燃料的仪式教育，是传递思想政治教育内容与信息的重要载体，是拓宽高校校园文化实现路径的有效手段。然而，仪式教育在实践中出现一系列问题，严重阻碍了效果的发挥。笔者通过收集资料和调研，挖掘出某些高校在开展仪式教育中的典型案例和宝贵经验，希望以其作为启示，进一步提出仪式教育在高校思想政治教育优化运用中的对策建议。

一、高校开展仪式教育的典型案例

案例一：X校风雨无阻坚持升旗仪式

升旗仪式严格来讲属于国家仪式的范畴，这个仪式的象征意义最为强烈和直接。作为爱国主义教育最重要的组成部分，升旗仪式对提高学生思想道德素质，激发广大师生的爱国之心，引导学生正确认识、处理个人、集体、国家三者之间的关系，增强民族自尊心和自信心有重要作用。很多高校的升旗仪式只在国庆日、校庆日以及其他重大活动的开场部分进行。为了强化教育效果，有的高校会定期进行爱国主义教育升旗仪式活动。与此同时，还采取多种举措，在国旗护卫队的选拔、培训，升旗手的衣着、配枪等方面模拟标准化，取得了非常不错的成效。以 X 校为例，该校每周一早上 7:40—8:00 定期举行以"誓言在耳边，国旗在眼前，祖国在心中，共筑中国梦"为主题的升旗仪式活动，该活动由校学工部统筹安排，国旗护卫队协助。为扩大学生的参与面，丰富活动形式，各学院分党委（党总支）轮流负责组织策划每周的升旗仪式。活动具体方式为：各轮流负责的学院结合时代背景，提前策划安排、加强宣传，以"爱国主义教育"为核心主题，采取简单且富有新意的方式进行，诸如国旗下的讲话、宣誓、合唱爱国歌曲、爱国诗朗诵等传统活动方式，也可以采用网络直播等学生喜闻乐见的新颖形式。参加人员可以是本学院的学生代表，也可以邀请校内其他师生参加，参加活动的学生人数控制在 200 人左右。每次升旗仪式结束后，该校充分利用校内外媒体加强对活动的宣传报道，巩固活动效果。多年来，该校风雨无阻坚持升旗仪式，既将其打造成了自己的品牌和特色，也使爱国主义教育成效颇为显著。

案例二：W 校走心的毕业典礼

毕业典礼是学生成长过程中的临界点和转折点，它标志着学生的成长和身份的转换。从形式上来看，毕业典礼意味着学习阶段的结束，但实质是思想道德、价值观念、文化知识的延续。作为校园仪式中最重要的一环，毕业典礼具有以下三个重要功能：一是育人功能。学生置身于精心设计、场面庄重、凝聚精神的场域中，很容易产生强烈的情感共鸣。二是符号象征功能。毕业典礼回顾学生大学四年的点滴，象征大学阶段的结束，促使学生对自我认知产生一次升华。三是凝聚沟通功能。仪式是一种聚众行为，很多高校的毕业典礼不仅邀请毕业生、教师，还重视校友与毕业生家长的参与，学校、家庭、社会的有机结合，形成巨大的教育合力。W 校一直以来非常重视毕业典礼，为了凸显学校特色，在举办典礼时力求增加一些创新元素。该校毕业典礼的流程大致分为以下三个阶段：一是暖场。暖场时播放学生自制的毕业视频，全体合唱校歌，介绍出席领导和参会人员。二是正式典礼。全体起立奏唱国歌，校领导宣读学位决定并为毕业生颁发毕业证书、授予学位，校领导宣读表彰优秀毕业生的决定并颁发荣誉证书，毕业生代表、校友代表发言，校领导为校友代表颁发校友证，教师代表发言，毕业生为教师代表、家长代表献花，校长致辞。三是结束。全体合唱《送别》。由此可见，每一个部分都是经过深思熟虑、精心设计的结果，包括悬挂的横幅内容、大会会标、邀请的校友代表、颁发的荣誉证书……整场仪式中正冠、拨穗是核心。校长将学位证书一一颁发给每位学生，并把他们学位帽上的帽穗从右边拨到左边，这个简单的动作定将成为学生心中弥足珍贵的画面。事实上，很多高校认为此举浪费时间，选择只对部分毕业生代表授位。这是教育理念上的误区，校长念出每一个学生的名字与以"等等"字样代替学生的名字，两者之间是有本质的区别的。每个名字都代表着一个青春有活力的学生，没有任何一个名字希望或者注定被忽略、被遗忘。此外，该校校长致辞也是毕业典礼的一大亮点。历年来，该校校长的致辞都会成为学生珍藏的经典语录，校长深情的祝福和告白、真诚的告诫和期盼伴着幽默的话语被学生们铭记，成为他们宝贵的精神财富。

二、仪式教育在高校思想政治教育优化运用中的对策建议

从以上典型案例和成功经验我们可以得出，富有成效的仪式教育需要坚持以学生为本，以价值观为核心，以校园文化为特色，突出真实性和针对性，体现尊重与平等、感恩与责任，这样才能更好地促使学生社会价值与个人价值的实现。

（一）提高认识，转变观念，重视仪式教育

1. 更新仪式教育的管理理念

仪式教育工作者要转变过去对仪式的狭隘理解，破除对学校仪式的"表演观"，树立学校仪式的"戏剧观"，最后追求学校仪式的"角色互换观"。具体来讲：第一步，破除形而下的学校仪式"表演观"。所谓"表演观"，落脚点在"表"上，即外在的、形式的意思。我们申讨仪式教育流于形式，追根溯源就在于此。诚然，学校的一些仪式活动具有表演属性，它通过特殊的场景、道具、声效将教育内容具象地表现出来，从而加强教育效果，但这并不代表仪式就只关切在表面的形式上，恰恰相反，仪式起到的是工具的作用，教育通过它这个载体，更好地传递给受众。武断地将仪式定性为给学校领导"搭台唱戏"的工具，给学校脸面"涂脂抹粉"的工具，甚至将其视为教育活动附属品的观念都是极其错误的。第二步，确立形而上的学校仪式"戏剧观"。如果说形而下的"表演观"重点在"表"，那么"戏剧观"则聚焦于"演"。"演"的功能在于它可以解构被屏蔽或压抑的信息与意义。这种释放使得学校仪式如同"舞台戏剧"。在特殊的方位搭建起的舞台——升旗台、讲台、主席

台等，将学生、教师、行政人员严格地划分出表演者和观众的地界，也明确了各自的权利和义务。当表演的帷幕拉开，表演者按照流程发表讲话，观众适时报以掌声，学校仪式就完成了一出戏剧的所有流程。戏剧的魅力不只是欣赏价值，其宣扬文明、传递真善美的追求以及寓教于乐的功能与仪式也高度契合。树立形而上的"戏剧观"就是要明确学校仪式不仅在于表面上的行为，更重要的是揭示和阐发一定的文化和信念。第三步，追求学校仪式的"角色互换观"。"戏剧观"已经兼具"表"和"演"的功能，但仍然不足以全面阐释学校仪式。戏剧观是信息的单向流动，受众只能被动地接受，而仪式是互动性的，是信息的双向流动。仪式关注形式，更注重理解和对话，这是仪式互动过程中的产物。在仪式的情境中，表演者与观众的身份是相对的，也就是说学生与教师互为主体，学生不仅有观看的义务，也有参与表演的权利。通过"角色互换"，教师与学生得以展开深刻的角色对话，更立体地知觉自我与他人看待自我的态度，进而理解学校设置仪式教育的初衷，认同他人在仪式教育中的角色意义。

2. 提高对仪式教育的重视程度

只有对仪式教育发自内心地认同，教育工作者才会深入探究仪式教育的难点和盲点，创新性地思考仪式教育的新手段、新方法。教育工作者应牢牢把握仪式教育发展的方向，通过对仪式过程中的关键点进行放大处理，进而找到做好仪式教育的突破口。首先，仪式教育的组织、策划、实施者要充分把握仪式教育的内涵和重要意义。仪式教育不仅仅是一场简单的仪式，其蕴含了丰富的教育理念、教育内容和教育方法，更像是一种新兴的教育模式。成效显著的仪式活动不仅涉及文化认同、身份强化，还涉及思想引领、价值观塑造。仪式教育作为感观的、直接的、带有强烈主观色彩的教育方式，必须要用先进的理念进行武装，用前瞻性的眼光扫清发展的路障。观念要先行，行动才有根基。教育工作者只有从观念上高度重视仪式教育，才可能开展出有人情味、接地气、有反响的仪式活动。其次，教育工作者尤其是活动的顶层设计者，应与时俱进，全面了解仪式的功能属性。要从仪式的属性出发，它承载着学校历史、传递着高校精神、彰显着校园文化、营造着教书育人的良好氛围；从仪式的价值出发，它规范和引导学生的思想观念、行为习惯、价值取向和人生态度，投射出学校的办学理念、历史文化，推动和促进了学校的有序发展。因此，教育工作者要端正态度，认清仪式教育的重要作用，充分发挥学生在仪式教育中的主体地位，让学生亲身参与、亲自感受教育元素在仪式中的化学反应。最后，教育工作者要努力摆脱应试教育的束缚，摒弃"唯工具论"，将关注的视角更多地放在对学生的素质发展、心理健康、道德情操的塑造和培养上。

（二）尊重仪式主体的需求

1. 面向所有学生，加大宣传力度，激发参与兴趣

教育是面向所有学生的一件事，仪式教育也不例外。发挥学生的主体作用是现代教育理念的教育观，落脚点在确保学生全程参与。学生是仪式活动的主体，也是受教育的对象，教育的效果很大程度上取决于学生的参与率和融入活动的程度。仪式从筹备、宣传、流程设计到实施，只有让学生全程参与，才能更好地加深学生对仪式意义的认知。针对仪式教育实施过程中学生参与率不高的问题，教育工作者必须要引起重视，有针对性地给出相关对策。首先，具有普遍教育意义的仪式活动要面向所有学生，不论是低年级、高年级、优秀生、后进生、党员、非党员，都享受同等的受教育权利。学校在开展仪式教育的过程中，应尽可能地扩大教育的辐射范围。其次，要做好仪式教育的宣传工作。宣传动员的充分与否直接影响受教育对象参与仪式教育的积极性的高低。学校应广泛采取各种方法，借助多种媒介，对仪式教育活动进行大力宣传。比如，专业课教师在课堂上、辅导员在开班会的过程中口头宣传某个仪式活动；学校宣传部通过新闻网、微信公众号推送相关信息、学生会设计、张贴展板画报等方式多渠道宣传。除了运用好常规的宣传模式之外，还可以适时创新宣传的方式方法。例如上海某大学在毕业季设计了亮灯送祝福的活动，并在上海中心进行了演练，吸引了多家媒体争相报道，社会反响热烈。毕业典礼当晚，正式亮灯吸引了众多学生前往拍照留念，学生还自发在外滩集体向母校表白，这不仅起到了良好的社会宣传效果，还增强了学生对母校的归属感和认同感。最后，强化学生的主体性。组织策划者在筹备仪式教育活动过程中，可以邀请学生代表建言献策，或者发起网络讨论，尽可能多方听取学生意见，真正坚持"以学生为本"。当学生的主体地位得到保障，学生感到被重视、被在乎，仪式教育的共情效应和情感升华才能得以更好地实现。

2. 针对学生的差异化诉求设置不同的仪式教育

仪式教育的设计以教育目标为导向，以核心价值观为统领，以校园文化为依托，依靠学生自身的体悟达到效果。值得注意的是，在对学校传统的仪式教育内容和载体进行梳理的过程中，除了要全面整合在学生中覆盖面大、影响力广、效果突出的仪式资源，还要兼顾不同学生的差异化诉求，避免一味追求仪式教育的大而全。不同阶段的学生群体有不同的特点和需要，即便是同一阶段的学生因为个性、认知的差异，理解水平、接受能力的区别也有不同的诉求。"90后""00后"是个性鲜明的群体，仪式教育在尊重传统仪式严肃、规范的

前提下，要突出时代性和创新性，尽可能地满足新生代的审美，让仪式教育在掌声和认可中鲜活起来。教育工作者可以根据实际情况，让学生根据自己的喜好、需求自主选择参与仪式活动的主题。这样做一是可以提升学生对角色体验的兴趣度。充分的角色体验，有助于大学生更深刻地认识自我与他人，从而主动承担起自己相应的责任；二是有助于增强大学生的问题意识。学生选择仪式的过程就是一个跟自己对话的过程，通过自我剖析，学生找出解决问题的思路。参与仪式教育的实践，可以充分展现大学生的聪明才智，挖掘大学生的兴趣爱好，解决大学生的困惑，从而增强学生的获得感。这个过程，切忌只考虑活跃的、优秀的、经验丰富的学生而忽略了更多需要鼓励和扶持的群体，避免只追求场面热闹、实际效果只是蜻蜓点水的情况。尤其杜绝为了凑人数，把不匹配的学生群体捆绑进仪式教育的现象，此举不仅会浪费宝贵的教育资源，还严重侵害学生的自主选择权，挫伤学生的参与积极性。为此，加强仪式教育的个性化定制，对提升仪式教育的吸引力和实效性大有裨益。

3. 培养师资，提高组织实施仪式教育的能力

学生是仪式教育的主体，教育工作者同样也是其中不可或缺的主体。在仪式教育组织实施前，教育工作者首先要在学校的总体教育设计目标中认真了解仪式教育的内容与实施方法，避免因自身都不了解活动的背景意义而使仪式教育流于形式。仪式教育的正常运行离不开一定的物质基础和师资力量。随着高等教育事业的蓬勃发展，社会各界对学校的师资力量、办学水平等都提出了更高要求。受地域经济发展差异、办学层次和规模等因素制约，各地各高校的发展都有明显的差距。高校除了要加强对先进教学设备、环境基础设施等硬件的投入，还要注重加大对校园文化等软实力的投资，尤其在师资人员方面应给予大量政策和资金倾斜。"师者为师亦为范，学高为师，德高为范。"学生对教师有天然的崇拜和模仿倾向，所谓"亲其师，信其道"，就是指教师的言传身教对学生有着潜移默化的影响。成功的仪式教育同样离不开高素质教育工作者的组织实施。在实践中，仪式教育存在师资不足且专业能力欠佳的问题，为此，高校要重视对仪式教育工作者的培养和挖掘。首先，着力加强对仪式教育工作者的思想政治素质提升。政治正确才能确保方向正确，仪式教育因其肩负的重要使命势必要求教育工作者坚持正确的政治方向，方能发挥仪式教育的正能量。其次，关注师资队伍的身心发展，给予他们充分的物资保障。尊重合理诉求，关注身心发展，持续改善工作环境和生活条件，是提升教育工作者工作积极性和热情的必要条件。为进一步激发工作能动性，学校还可以将教育工作者开展仪式教育的情况与评优、评奖挂钩，鼓励教育工作者重视仪式教育，同

时奖励优秀仪式教育的组织实施者，肯定他们的业务水平和专业技能，表彰他们对教育事业的热爱与奉献精神。该激励机制还有利于相关人才的引进，为仪式教育增添更多可能性。最后，定期开展业务培训。用科学的理论和不断更新的实践案例建构教育工作者的知识体系，科学引导教育者正确认识和开展仪式教育，对提升仪式教育整体组织实施水平，确保仪式教育的育人功效有重要意义。

（三）扩充仪式教育的方法和内容

1. 精心设计仪式教育的方法

仪式教育是教育者和受教育者双向互动的过程，仪式教育使用的方法就是教育者和受教育者在互动过程中凭借的手段。根据大学生的年龄特征和身心发展规律，精心设计仪式教育的方法有助于提升教育的吸引力和实效性。实践中，常用的有以下几种方法：一是表演法。表演法是根据仪式的设置目的和情境需要，针对某个环节或角色，通过朗诵、小品、歌舞等表演形式，充分调动学生的感官神经，让学生在直观的感受中对仪式产生认同。在某些大型的仪式教育活动中，表演法以其强大的感召力成为最常用的教育方法。然而不可否认的是，表演法缺乏理性总结，容易造成"场面有，深度不够"的后果。因此，在运用表演法后，要及时升华总结教育主旨。二是榜样法。榜样法是一种潜移默化的力量，是仪式教育中重要且常见的教育手法。所谓榜样法，是指通过活生生的典型人物和事件来积极影响、感染、带动和鼓舞学生。榜样法将抽象的说理转化为具体的形象，易于被学生接受和效仿，具有强大的感召力和正面激励作用。但考虑到榜样选择的局限性以及与仪式教育的关联度，此法并不适用于所有仪式教育。三是岗位法。顾名思义，就是在仪式教育活动中创设不同的岗位，让参与仪式的学生根据自己的特长、喜好选择不同的岗位，明确自己在仪式中的责任，还可以在不同的岗位体验不同的职责，从而获得更丰富的情感体验。比如，在感动校园人物颁奖仪式中，我们可以设置获奖人、主持人、素材收集、活动策划、现场摄影、新闻稿撰写、场景布置、观众等岗位，以充分调动每个学生参与的积极性，扩大仪式的影响力。当然，该方法也有局限，比如对观众情绪的调动和对其重要地位的彰显需引起重视。四是陶冶法。陶冶法重在为仪式参与者创设一个良好的环境，利用氛围的影响，对教育对象施加积极影响。这里的"环境"包含物质和精神两方面。比如正式、庄重、充满仪式感的会场布置，会让学生不自觉地审视自己的言行，这是物质环境带来的影响；而一个教师的言行举止会给学生带来潜移默化的影响，这是精神环境带来的。这两种环境同等重要，但在实际操作中，我们往往忽略精神方面的因素，这是值得反思的地方。仪式教育的方法多种多样，如何在丰富的资源中选取最适宜的方式，需要教育工作者根据不同的教育对象、教育时间和地点，有创造性、有针对性地选取教育方法。

2. 结合实施目标，充分挖掘仪式教育的内容

仪式教育既面向整体，又关注个体，既强调连续性，也突出阶段性。这些特征恰好符合学生身心发展的规律和特点，同时也契合思想政治教育的内在要求。教育工作者要充分挖掘仪式教育的内容，在资源创新和整合上下功夫，根据学生的认知水平，设计科学的教育目标和具体内容。针对不同学生的实际需求，设计各有侧重的、具有连续性的系列仪式活动，构筑起学生成长的进步阶梯。从某种程度上可以说，仪式的创新就体现在不断整合现有教育内容，实现对群体的预期效果上。教育的终极关怀是"以人为本"，坚持贴近学生实际，是把握教育内容的重要原则，也是吸引学生关注的不二法宝。精心设计的仪式内容可以让学生更好地融入情境，强烈感受特定精神文化和内心深处对自我要求的召唤，从而下意识地将自我价值与社会价值的实现进行比对、思考、探索与重建。这是仪式内容的魅力，也是实践体验的魅力。然而在实际操作中，对困难学生的帮扶教育就存在内容缺位的现象。资困助学是国家惠民政策在学校的落地，意义深远，作用巨大。随着受助学生的增加以及财务管理信息化的发展，所有受助学生的补助可以直接通过学校账户转入学生的银行卡，资助工作瞬时完成。但值得思考的是，虽然信息化时代方便和简化了烦琐的资助程序，提升了资助的效率，却错失了对受助学生进行感恩教育、榜样教育的良机。不得不承认，现在有些贫困生将受助视为理所当然的事情，不仅没有心怀感恩更加努力学习，反而将索取变成一种习惯，沾染上了不劳而获的恶习。教育工作者应当重视这一现象，宣扬自立自强的先进典型、感恩回馈社会的模范事迹等，让受助学生真正懂得如何感恩，如何在逆境中更加努力和坚强。

3. 将形式与内容更好地融入特色仪式教育中

具有鲜明特色的仪式教育必然是形式与内容的高度融合。只注重形式不填充内容的仪式缺乏价值和意义，只有内容没有形式包装的仪式也注定不会有持久的生命力。为此，创办有特色的仪式教育必须兼顾形式和内容，既要有创新仪式的形式，还要有扩充仪式的内容。创新仪式教育的形式，就是要突破传统的仪式框架，将陈旧、老套的仪式流程、仪式场景、仪式语言等打破重构，建立新的具有美学意义的仪式形式。学校应根据不断变化的教育环境，对仪式教育的形式在体验、模拟、启示和象征等方面进行创新。在重点把握仪式形式的基本原则和体现仪式内容的基本前提下，还应该积极利用现代技术和多媒体手

段，创新仪式载体。比如，通过网络直播软件，在线传输仪式教育开展过程，让其他因故无法到现场的同学也能参与其中。再如开设仪式教育微信公众号，不定期推送一些榜样事迹、先进典型，用润物细无声的方式将仪式教育的效果浸润到每个学生心中。有接受意愿是学生获取教育信息的前提，创新仪式教育形式无疑成功破解了这个前提的可能性。此外还要扩充仪式教育的内容，使其不局限于教育过程，在仪式前和仪式后也要丰富仪式的象征文化。以入党宣誓仪式为例，新党员不仅要在仪式上宣读入党誓词，还应该花时间和功夫研究誓词背后的故事和内涵，并将誓词作为自己的行动指南。此外，其他仪式也呼吁学生要用心感知开展这项活动的目的，同时鼓舞和提倡师生共同筹划一些充满正能量、反映师生美好愿景的仪式活动。在互动中，师生深化了对仪式意义的了解，同时丰富了仪式的内容。值得注意的是，在对仪式形式和内容创新的过程中，要充分遵循学生的身心特点，综合考虑他们的年龄特征、地域差异等，尊重客观现实，既体现创新性、知识性、科学性，又突出趣味性、大众性，最大程度地调动学生的主观能动性和积极性。

（四）建立健全仪式教育相关保障机制

1. 加强仪式制度建设，建立长效保障机制

制度是规范行为的保障，加强仪式制度建设是确保仪式教育顺利开展的根本性前提。建立和完善仪式教育的规章制度，落实好相关配套措施，对大力推进仪式教育的深入开展具有重要作用。如果说国家相关部门的政策制定将仪式教育发展推进了快车道，那么学校制度建设就是仪式发展的加速器。在实践中，很多高校仪式制度的缺位，造成了仪式教育的缺失。建立系统而规范的校园仪式制度可以矫正当前仪式教育不规范、不延续等问题。将仪式教育的类别、举办时间、举办周期、仪式主题、仪式宣传等以文件的形式固定下来，明确规范，严格执行，同时以各种奖惩措施为抓手，是做好仪式教育的长效保障机制。将校园仪式建立和运行在制度上，才能确保仪式教育的严肃性和规范性，充分发挥仪式的思想政治教育功能，只有这样，仪式教育才能像永动机一样，为校园文化建设和教育管理源源不断地输送巨大能量。

2. 建立组织和经费保障机制，确保仪式活动顺利开展

为了充分利用校园仪式加强思想政治教育，最大程度发挥仪式教育的功效，学校有必要成立专门的组织机构，由专人来负责组织实施。分工细化是当前社会发展的趋势，让专业的人做专业的事能大大提升工作的效度。具体到仪式教育工作，通过在学生处、团委、辅导员中培养和挖掘一批优秀人才，专门从事仪式教育的组织、策划和实施，一方面可以简化工作程序，提高工作效

率；另一方面可以提升仪式教育的地位，促使仪式教育更加专业化。从事仪式教育的组织一定要充分认识、准确把握仪式教育的价值和意义，立足学校，结合家庭和社会，有效整合教育资源。此外，加强部门之间、学校之间的交流合作。一项重大校园仪式的顺利完成需要多个部门的分工合作与配合，比如开学典礼的举行，就涉及学生处、团委、组织部、宣传部、保卫处、各院系等的参与，这就要求各部门通力合作、紧密对接，合力促成仪式教育的顺利开展。除了组织保障之外，校园仪式活动还需要经费保障。合理的经费支持是仪式活动顺利开展的物质基础，要确保仪式经费充足到位，并确保经费得到有效利用。

3. 健全反馈机制，提高仪式教育实施的质量和效果

对仪式教育实施阶段把控、全过程监督有利于提升仪式教育的质量和效果。仪式教育功能的发挥除了需要组织者的科学筹划、仪式主体的热情参与外，还需要相关人员对仪式效果的及时反馈。完善的反馈机制，有助于及时纠正仪式教育过程中的偏差，避免短视行为，第一时间获取仪式教育的效果评价。仪式教育不同于专业课教育，性质上更倾向于体验教育。所以对其教育效果的评判没有量化的分数和指标，也不能局限于结果性的评价。教育工作者要将仪式参与者给出的结果性评价与过程性评价综合起来分析，同时更多地注重过程阶段的反馈。仪式组织者可以在仪式现场通过观察参与者的情绪、表情、动作，在仪式后关注参与者发布的社交动态等来判断、总结和反思仪式活动开展的情况与效果。此外，还可以设置专门的调查问卷让参与者对仪式主题、仪式形式、活动效果等做出判断、给出意见。有了这些反馈性评价，仪式组织者可以以此为基础，更好地筹划下一次仪式教育。

4. 建立必要的惩罚机制，使校园仪式规范化

仪式教育虽然不是在学生培养方案里能产生学分的项目，却有着比学分更重要的意义。仪式的举办要有严肃性、神圣性，绝不能被贴上"形式主义""可有可无""走过场"的标签。针对在仪式活动中漠视、敷衍、捣乱的参与者，教育工作者要进行严肃批评，必要时给予一定的惩罚，以确保仪式的正常进行，体现仪式的重要性。对积极参与仪式活动的学生，组织者可以给予一定的奖励，比如通报表扬、综合素质测评加分等。教育工作者要给学生传递这样一种观念：校园仪式是有价值和意义的，也许它无法折算成看得见的学分，无法产生立竿见影的效果，但它对人的积极影响可能是一辈子的。因此，仪式中的有关规定必须要严格遵守、认真执行，对挑战仪式权威者绝不能睁一只眼闭一只眼，要使校园仪式规范化。

结语:

　　"仪式"是一个充满历史感的词语,它既有古老的阅历,也有历久弥新的意义。仪式的魅力在于积淀的深厚文化和凝聚的卓越智慧,它既可以传承,也可以嫁接,既可以独立存在,也可以作为一种方式或手段存在。在现代教育的语境里,仪式以其丰富的象征意义和隐喻表达,成为思想政治教育的重要载体。作为一种外在的表现形态,仪式体现、承载、传递着特定的教育目标和价值导向,很容易为学生所感知,同时对学生整个教育过程和以后的学习生活历程也影响深远。学生通过各类仪式实现身份的转变和认同,获得情感的共鸣和升华。仪式以其独特的功能,在大学生思想政治教育和校园文化建设等领域发挥着越来越重要的作用。

　　将仪式与教育有机结合,是提升仪式内涵的有效途径,也是创新教育方法的有益实践。要有效开展仪式教育活动,教育工作者首先自身要明确仪式的意义和价值,始终将"以人为本"作为仪式工作总的指导方针,不走过场、不搞形式,将仪式教育从一纸策划书落地为学生喜闻乐见又能从中受益的活动。作为仪式教育的主体,学生是最重要的参与者,他们是最具活力、对新鲜事物最敏感的群体,他们对仪式的兴趣、投入程度是影响仪式效果的关键。教育工作者要充分尊重学生的心理发展规律,关心和关注学生的精神诉求,借助情境的营造和群体性参与,激发学生的情感体验,输出正确的思想观念、道德语言、行为规范等。

　　仪式教育不是一个新课题,却是值得每一位教育工作者不断思考和破解的重大命题。

第三章　榜样教育

　　关于大学生榜样教育这个话题，源于对两种截然不同的社会现象进行的反思：一种是大学生道德滑坡现象时有发生，引发了社会舆论对青年学生的指责、痛心和担忧；另一种是在"90 后"里出现了越来越多优秀的人才，涌现了越来越多先进的事迹，人们口中"垮掉的一代"变成了各行各业的中流砥柱。破解前一种困境的最好方法就是用后一种榜样的力量来进行影响和感召，通过发挥榜样的激励、引导作用，帮助大学生树立正确的世界观、人生观、价值观。

　　说到"榜样"，这是一个充满正能量的词语，在社会生活的各个领域被广泛地使用着，这个自带光环的词还有很多近似的表达，例如："典型""模范""示例"等。"榜样"可以是具体的人、具体的行为、也可以是抽象出来的人格范式。榜样教育以"榜样"为载体，通常作为思想政治教育的重要方法。教育者通过挖掘贴近人们生活中具有代表性的人或行为，引导教育对象模仿、学习榜样的行为与精神品质，形成符合社会提倡的价值观念、思想道德、行为习惯。榜样教育法为大学生思想政治教育提供了有温度的素材和更具体的目标，极大提升了教育的吸引力和实效性。然而，在实际运用中，榜样教育也遇到了一些问题，例如：学生的主体性地位没有得到充分发挥、榜样教育机制僵化、榜样践行的效果不够理想等。如何补齐榜样教育自身的短板，更加有效地开展榜样教育以适应新形势下大学生思想政治教育的发展，已经成为教育工作者亟待解决的重要课题。

第一节　榜样教育概述

　　榜样教育在我国有着悠久的历史和实践，"三人行必有我师焉""见贤思齐焉，见不贤而内省也"等名言警句都折射出榜样教育的影响力和重要性。

习近平总书记也曾指出："把道德模范的榜样力量转化为亿万群众的生动实践。"可见，无论是历史的角度还是现实的召唤，榜样教育在社会发展进程中都扮演着举足轻重的角色。

一、榜样教育的内涵、特点及其意义

要对榜样教育进行深入研究，首先要弄清楚相关概念，继而厘清其内涵特征、理论基础。对这些基础性问题的梳理是研究如何改进和完善榜样教育的前提。

（一）榜样与榜样教育的内涵

1. 榜样的内涵

从词源来讲，"榜"在《汉语大词典》中的解释是：正弓弩器①。在《辞海》里的解释是：（1）木片；（2）匾额；（3）揭示的名单；（4）旧指官府的告示②。"样"在《辞海》里的解释是：（1）样式、模样；（2）品种、类别；（3）扔下③。《说文解字》中："样，栩实，即指样式，范式。"④ "榜"和"样"合起来作为一个词使用最早出自宋代张磁《桂隐纪咏·俯镜亭》诗："唤作大圆镜，波纹从此生。何妨云影杂，榜样自天成。"⑤ 书中的"榜样"作"样子""模样"解。《现代汉语词典》对榜样的解释是"值得学习的好人或好事"⑥。在古汉语和现代汉语中，与"榜样"近似的表达有"典型""模范""范例"等。当前，学界对"榜样"的内涵有不同的理解：彭怀祖、姜朝晖、成云雷等学者认为"榜样是在一定历史时期经组织认定，公众舆论认可和公共传媒广泛传播，体现时代精神和人民意愿，代表先进生产力的发展要求，代表先进文化的发展方向，代表最广大人民群众的根本利益，值得公众效仿和学习的先进典型。"⑦ 睢文龙，廖时人等学者认为"榜样又称示范，是引导受教育者学习他人的优良思想、行为和品德的教育方法"⑧。在不同的语境，不同的研究背景下，榜样有不同的解读。笔者站在思想政治教育的视角下，认为

① 汉语大辞典编辑委员会编. 汉语大词典 [M]. 武汉：湖北辞书出版社与四川辞书出版社，1987：1268.
② 夏征农，陈至立. 辞海 [M]. 上海：上海辞书出版社，2010：74.
③ 夏征农，陈至立. 辞海 [M]. 上海：上海辞书出版社，2010：2214.
④ 许慎. 说文解字 [M]. 南京：江苏古籍出版社，2001：1123.
⑤ 张磁. 南湖集附录（一至二册）[M]. 北京：中华书局，1985：14.
⑥ 现代汉语词典 [M]. 北京：商务印书馆，1990：34.
⑦ 彭怀祖，姜朝晖，成云雷. 榜样论 [M]. 北京：人民教育出版，2002：8.
⑧ 睢文龙，廖时人，朱新春. 教育学 [M]. 北京：人民教育出版社，1994：407.

"榜样"是指能够激励受教育者学习、效仿代表社会价值最高标准的人物或形象。从自然属性来讲，榜样既可以是鲜活的个体，也可以是群体；既可以是真实存在的人，也可以是虚拟或演绎的形象；甚至还可以是文字符号、图像信息、语言描述等。

2. 榜样教育的内涵

关于榜样教育的内涵界定，学术界也有不同的声音。张耀灿教授认为"榜样示范法就是以先进典型为榜样，用典型人物的先进思想，先进事迹来教育人们，提高人们思想认识和思想觉悟的一种思想政治教育方法。"① 王汉澜教授认为"榜样教育是以他人的高尚思想，模范行为和卓越成就来影响学生品德的方法。"② 据此，我们可以推断出榜样教育首先与人的心理活动特点和规律有关。榜样对人施加的影响是一个连续的心理活动过程，榜样的吸引力、可模仿性、示范的复杂程度等直接决定榜样教育实施的效果。其次，榜样教育具有示范导向性。输出、宣传符合社会要求的价值观念、行为准则、道德规范是榜样教育的使命。教育者在社会资源库里选树、宣传不同类型的榜样，本质上就是一种导向行为。再次，榜样教育是双向互动的，它既体现了教育者有目的、有计划的主导地位，也体现了受教育者自主选择的权利。最后，榜样教育是思想政治教育的基本方法之一。榜样教育通过贴近人们生活中最具代表性的人或行为的示范引导，激发教育对象产生学习、效仿的意愿，做出相似的举动，这无疑是对思想政治教育方法的一种优化和完善。综上所述，笔者认为，榜样教育就是教育者根据教育目的和受教育者身心发展的特点，用榜样的思想、道德、行为、成就等影响受教育者，激发受教育者内在的精神动力，使其自发地进行效仿、学习，并通过主观努力内化榜样的精神品质，形成符合社会需要的思想道德、价值观念、行为习惯的社会实践活动。

（二）榜样教育的特点

对榜样教育的特点进行分析，有助于我们理解和把握其内在发展规律和趋势，从而更全面、有效地掌握榜样教育的理论根基。作为思想政治教育的基本方法，榜样教育与其他方法，如理论灌输法、心理咨询法、社会实践法有共通之处，更有自己的独特之处。

1. 激励性

榜样是受教育者学习和效仿的对象，榜样教育通过这一特殊的正面的人格

---

① 张耀灿. 思想政治教育学原理 [M]. 武汉：华中师范大学出版社，2001：305.

② 王汉澜，王道俊. 教育学 [M]. 北京：人民教育出版社，2004：1978.

形象，引导受教育者将榜样身上的高尚情操、优秀品质、良好作风等通过一定的方式内化为自身的行为。榜样教育之所以具有激励性，究其原因是受教育者与榜样之间在思想道德、行为规范、价值观念等方面存在一定的差距。榜样代表的是社会倡导的主流价值观，具有一定的真实性和先进性。在实施榜样教育的过程中，受教育者会不自觉地将自身的思想、行为与榜样进行对照和比较，在同理心的驱使下，总结、反思自身与榜样之间存在的差距。这种差距不仅可以激发受教育者学习榜样的动力，还能带给他们自我完善、自我更新的启发。受教育者在学习、效仿榜样的过程中，不断提升和完善自己，最终实现自我价值的飞跃。榜样教育所选树的形象都是积极、正面、健康向上的，教育工作者通过宣传正面典型人物的事迹，洗涤受教育者的心灵，使受教育者对榜样产生由衷的钦佩与尊敬，从而以榜样为目标，确立正确的世界观、人生观、价值观。

2. 生动性

就人们的认知规律来讲，相较于抽象的事物，人们更容易接受有具体形象的事物。榜样教育的生动性，指教育者将模范人物的思想、行为等与主流社会倡导的价值体系相结合，榜样以鲜活的形象展现在受教育者面前。通过形象化的演绎，榜样更接地气、更具模仿性。思想政治教育的内容是教育目的和教育方法的具体化，本身是由相互联系、相互作用的多重要素按照特定的层次结构组成。因内容的高度概括性和抽象性，要求受教育者必须具备一定的逻辑推理、理论归纳的能力，然而，这些能力的习得需要长时间的学习和积累。同时由于内容的枯燥乏味，受教育者容易丧失学习和效仿的兴趣。榜样教育是在平凡的生活中挖掘生动的形象，通过直观的手法将抽象的道理转化为易于人们接受的事物。榜样教育的过程究其本质是人与人互动交流的过程，教育效果能否达到预期目标，关键在于教育是否具有吸引力，能否引起受教育者的兴趣。教育工作者只要运用好榜样教育这一鲜明特征，为受教育者提供生动的学习和效仿模式，就能激发受教育者的参与热情，实现教育功效的最大化。

3. 示范性

榜样是因为先进的事迹、高尚的情操、优秀的品格等为人们熟知和推崇，这一特点决定了榜样教育势必具有示范性。每个人在成长的道路上都会遇到挫折和困难，经历迷茫和彷徨，榜样就像灯塔一样，为迷茫者照亮人生的黑暗，指明前进的方向。榜样对人们精神上的指引和"偶像"对粉丝的影响有相似之处，也有不同之处。两者可以相互交融、取长补短，共同发挥作用，引导学生树立正确的价值观念。之所以探讨榜样教育和偶像崇拜的关系，不仅因为偶像崇拜是当前盛行的流行文化，还在于偶像崇拜里有很多可供榜样教育借鉴的手段和效应，比如营销手段、人设手段、首因效应、光环效应等。事实上，榜样教育和偶像崇拜还是有本质的区别：一方面，榜样教育是教育者有组织、有目的、有计划地将教育理念传递给受教育者，偶像崇拜却没有明确的主体，更多地表现为一种自发性；另一方面，榜样教育一定是具有正面性的人物和示例，而偶像大多是由媒体制造或舆论倒逼产生的。此外，偶像的素质参差不齐，产生的作用也并非都是积极的。从以上来看，榜样似乎站位更高，呈现的也都是更完美的形象，一定程度上会拉开与普通民众的距离，削弱人们对榜样的追随和效仿。而偶像通过鲜活的形象，呈现自己生活的方方面面，让人们觉得更真实，也更容易企及。不过，也不乏一些对不良行为模仿的现象。权衡利弊之后，我们认为，"榜样"要向"偶像"特质学习，让榜样产生偶像化效能，对偶像而言，则要更多地约束自己的言行，弘扬正能量。

4. 时代性

榜样教育最典型的特征就是时代性。首先，"榜样"本身具有时代性。人们的意识形态总是受当下所处时代背景的影响，不同的时代，不同的政治环境下，所诞生的"榜样"都不尽相同。例如，战争年代，为国捐躯、舍生取义的邱少云、董存瑞、黄继光是"榜样"；社会主义建设时期，艰苦奋斗、无私奉献的王进喜、焦裕禄是"榜样"；社会主义新时期，心有大我、至诚报国的黄旭华、黄大年是"榜样"。这些涌现在不同年代的榜样告诉我们，榜样教育要与时俱进，要遵循时代的命题，树立符合时代需求的"榜样"。其次，"榜样教育"的方法具有时代性。榜样教育的方法经历了从毫无章法到建立了系统、全面的方法论。"见贤思齐"让人们逐渐意识到榜样的力量，人们最开始用"现身说法""舆论推广"的方式树立和宣传榜样。随着时代进步，榜样教育的方法也在不断更新，如后来逐渐发展出来的实验体验法、创设情境法等。最后，受教育者对"榜样教育"有时代要求。榜样教育必须符合受教育者的时代要求，让受教育者能从中受益。这种受益既包括传统意义上精神的提升，也包括物质生活需求的满足，这一点是最容易被忽略的。现代市场经济体制下，推行"榜样教育"自然要考虑经济因素，没有一定的物质基础，只一味强调精神的富足是不负责任的，同样，过分强调自我牺牲而忽视个人的正当权益也是不科学的。

（三）榜样教育的意义

榜样教育追求的目标是受教育者借由学习、效仿的方式，习得榜样人物的性格（果敢、忠义、智慧等）或其行为所隐含的意义。从这一角度而言，榜样教育的落脚点不在于模仿榜样的先进行为，而重在学习、内化榜样代表的精神品质。榜样教育有丰富的理论和现实意义，本研究站在思想政治教育的视域下，归纳有以下几点：

1. 有利于大学生树立正确的价值观，养成良好的道德品质

价值观是行动的准则，大学生的健康成长需要榜样教育予以适当的价值引导。榜样教育通过选树、宣传榜样，向大学生传递什么是社会提倡的意识形态、价值观念、行为规范，更好地帮助大学生认同、树立社会主义核心价值观。榜样生动地再现了社会发展的要求，是理想人格的具体显现，容易为大学生所感知和接受。榜样教育的实质是隐性教育，大学生在耳濡目染中感受先进事迹，接受榜样精神的感染和熏陶，从而更加坚定、内化并践行社会主义核心价值观。在榜样的感召下，大学生不断修正和调试自己的价值观，以确保正确的价值取向。此外，榜样展现了理想的道德人格，承载着社会的道德理想追求。榜样教育以具体的形象和理想的人格诠释了社会推崇的道德原则和规范，将抽象空洞、深奥难解的道德要求转化为可以模仿的行为和对象。事实上，榜样源于生活但又高于生活，他们做出了大多数人不愿做、不敢做、不能坚持做的先进事迹从而被推崇和赞颂。这些先进事迹里蕴含了无私奉献、艰苦奋斗、爱岗敬业、见义勇为、清正廉明等崇高品质，每一个品质都闪着耀眼的光，足以照亮大学生的人生。榜样以具体行动展示了从道德认知到道德行为的实现，尤其展示了他们克服困难和挫折时凭借的道德意志。在道德情感催生出的道德动机主导下，大学生会主动追随榜样的足迹，在社会实践中做出符合道德规范的行为，进而养成良好的道德习惯。行为一旦成为习惯，自然会升华为固有的品质，对此，在大学生良好道德习惯的养成过程中，不断强化是关键。这种强化最好来自积极正面的评价，在不断被肯定、赞扬和奖励的过程中，大学生加强了学习榜样的动力，从而养成良好的道德品质。

2. 有利于培育大学生健康的人格，促进其全面发展

人格的健康直接关系个人的成长与前途命运。榜样教育从人生远景上回答了做什么人、怎么做人的问题，为大学生提供了可资借鉴的人格范本。一方面，榜样作为社会发展的先进代表，是一种理想的人格，其身上蕴含的无私奉献、勤劳善良、恪尽职守、开拓创新等崇高精神和优良品质，都是大学生倾慕与敬佩的人格特质。榜样通过自己的思想、言行向大学生展示优秀人格的魅力，激发大学生在社会生活中不断锤炼、塑造自身健康的人格。另一方面，人格发展的任务是实现理想自我与现实自我的统一。大学生与榜样之间的差距实质就是理想自我与现实自我的距离，要弥合这道鸿沟，一来，榜样教育要为大

学生树立标杆、明确方向，二来可通过多层次、分类别的榜样设置增强教育的实效性，为大学生克服实现自我同一性过程中的困难提供强有力的精神支柱。健全的人格，是实现人的全面发展的前提。人的全面发展是马克思主义理论的出发点，也是落脚点。大学生成长成才的核心宗旨和目标指向就是实现自我的全面发展。榜样教育为实现大学生的全面发展发挥着重要作用：首先，榜样教育为大学生全面发展提供了方向性的指引。榜样是一定社会理想人格的具体化，具有比普通人更高的精神境界和优良品质，与人的全面发展的目标更加接近。榜样教育通过引导青少年向优秀人物学习，激励其一步一步向人的全面发展目标迈进。其次，榜样设置的多元化，为大学生全面发展提供多样的参考模板。大学生的身心特征、年龄阶段不同导致其精神诉求也不尽相同，榜样教育通过提供多样化、多层次的榜样，为不同需求的大学生提供了行为参照，从而更好地实现自我价值。最后，榜样教育是一个需要全社会联动的实践活动。在全社会广泛宣扬先进典型，营造向优秀人物学习的氛围，对优化社会环境，提升国民综合素质，促进大学生全面发展都大有裨益。

3. 有利于破解思想政治教育的现实问题，推进思想政治教育工作的开展

思想政治教育实施效果不好的很大原因在于受教育者内心缺乏对教育者的认同感，而认可度低又归咎于教育者言行不一，缺乏较强的政治信念和理论素养，以致学生对教育者产生怀疑，进而对教育内容也开始抵触。以榜样教育作为介质，就能很好地破解这一困境。一方面，教育者要实施榜样教育，自身就要率先垂范，所谓"正人先正己"，只有身体力行，才能赢得学生发自内心的尊重。另一方面，榜样教育对教育者的综合素质提出了更高的要求。在实践中，我们不难发现，教育者自身素质越高，学生越认可，对其宣传的榜样人物或事迹也越信服。甚至这些综合素质高的教育者本身就作为榜样，受到学生的尊敬和爱戴。此外，从教育方法来讲，传统的填鸭式、灌输式方法已经无法满足"90后"大学生的精神需求，也无法适应现代教育发展的步伐。榜样教育以其形象化、生动化的特点，为教育对象提供了具体的价值引领、直观的行为模式。榜样本身的感召力和影响力，契合了受教育者追求进步、积极向上的心理，因而被接纳、信任、推崇和效仿。从这些角度来看，榜样教育很好地破解了思想政治教育中的一些现实困境。不仅如此，榜样教育还有利于推进思想政治教育工作的更好开展。如上所述，榜样教育宣扬的先进思想、模范行为、优良品质等反映的是一定社会时期提倡的主流价值取向，代表社会的前进方向。然而受西方思潮及市场经济的冲击和影响，大学生的价值观呈现出多元性和不确定性。开展榜样教育，为大学生做出正确的行为示范，可以抵制和消减不良

价值观及思想对大学生的荼毒。同时，榜样教育作为思想政治教育的重要手段，可以将抽象的道德规范和政治思想原理具体化、人格化，让学生在潜移默化中受到正能量的熏陶和感染，经过一番启迪，学生提升了自身的思想认识和政治觉悟，并将其内化为自觉行动。

第二节　高校开展榜样教育的现状、成功经验及存在的问题

了解当前高校开展榜样教育的现状是探讨榜样教育实效性及改进措施的基本前提。笔者以客观、真实的视角，选取了部分高校开展榜样教育的现状，总结了目前榜样教育取得的成功经验，也梳理出目前存在的一些问题，以期为探讨榜样教育的有效性对策提供来自"教育第一线"的启示。

一、高校开展榜样教育的现状

榜样教育的形式有很多，可资利用的素材库也很充足，笔者特选取了以下四种在高校影响力较大、覆盖面较广的典型案例。

（一）校长荣誉奖

为贯彻党和国家的教育方针，促进大学生德智体美全面发展，树立新时代人才典范，引领广大学子践行大学之精神，为社会培育优秀人才，某校设立了校长荣誉奖。该奖每年从全校在校本科生、研究生和留学生中评选思想道德好，在专业学习、学科竞赛、科学研究、专业实践、创新创业等方面表现有突破性成就，为学校争得重大荣誉的个人或团队，校长亲自为获奖者颁发奖杯、证书和壹万元奖金。整个评选过程严格、规范，优中选优，历经各学院组织推荐、评审工作组审核材料、第一轮送审初评、评审组与入围学生一对一考察谈话和第二轮复审答辩会等环节。评审组根据最后总评情况，提出推荐获奖名单，经全校公示无异议，报校长审查后，提交学校校长办公会审定。这是该校学生的校内最高荣誉奖项，每年的评奖，从申报、提名到公示、颁奖都受到全校师生的广泛关注。自2014年校长荣誉奖设立以来，该校已有17名学生个人、8个学生团队获此殊荣。他们中有的是成绩优异的学霸，有的是学术科研能人，有的是科技创新标兵，也有自强不息的"励志达人"、敢于助人的道德模范；有打出二十二连冠代表该校拼搏精神的女排姑娘；有创造该校在挑战杯比赛全国金奖记录的优秀学子；等等。他们中既有正在读本科的年轻人，也有

已经读研究生的成熟大哥，这些榜样的力量深深地感染和引领其他同学发奋图强，志存高远，心怀理想，磨砺意志，奋力前行！

（二）优秀毕业生事迹宣讲会

优秀毕业生事迹宣讲会是学校邀请优秀本科毕业生通过演讲和交流的形式，分享他们在学业发展、考研之路、社会实践、求职就业、道德修养和身心健康等方面的先进事迹与成功经验。某校每年都会在全校学生中开展一年一度的优秀毕业生先进事迹宣讲活动，活动结合该校工作实际，充分体现以学生为本，通过优秀毕业生介绍他们在学习考研、社会工作、思想道德等方面的成绩和经验，充分发挥优秀学生的榜样带动作用，从而更好地帮助在校学生明确学习生活目标，引导同学们志存高远、勤于学习、善于创造、合理规划大学生活，成为有理想、有道德、有文化、有纪律的社会主义新人，为共同实现伟大的"中国梦"而奋斗。优秀毕业生宣讲会的开展，切实提高了大学生思想政治教育的针对性和实效性，在广大学生中引起了广泛和深远的影响。宣讲团成员来自同学们身边的佼佼者，他们朴实无华，通过演讲向同学们传播正能量，同时在学习生活中自觉地将个人学业和职业的发展与祖国富强、民族振兴的远大理想结合起来，并为之脚踏实地付诸行动，他们的努力拼搏也展示了当代大学生的风采。很多听完报告的低年级同学都表示深受感动和鼓舞，同时也深刻认识到学习是大学生活的重大使命，付出、奋斗、拼搏和持之以恒是大学生永恒的主题。

（三）大学生讲坛

大学生讲坛致力于通过优秀的高年级同学对大一新生的答疑解惑，拓宽学生的视野，帮助新生尽快度过初入大学的"迷茫阶段"。讲坛以"讲你所想，圆你所梦"为理念，以当代大学生最需要、最前沿、最感兴趣的话题为主题，以亲身经历为素材，在低年级同学当中产生了强烈的反响。大学生讲坛的主讲人都是大学生，他们毫无保留地将自己在大学中获得的生活经验以及学业上取得成功经验，讲授给处于迷茫期的学弟学妹们。这是一个全心全意传授人生经验的平台，大学生们通过朴实的言语、真实的情感、智慧的总结传递青春成长的道理。大学生常伴有"烦恼""挫折""失望""痛苦""迷茫"等关键词，大学生讲坛只为成为那一盏明灯，用光芒一点一点驱散学子内心的困惑。"愿你出走半生，归来仍是少年"的支教达人曾在大学生讲坛上讲道："人生如同骑行，前方虽然道路坎坷，甚至充满了不安跟黑暗，但是再坚持几公里就是万家灯火。"是的，无论前方有多少困难，只要还心存信念，总会有一盏灯为你而留。该校大学生讲坛从第一期开办以来，得到了学校领导老师的大力支持，还受到了同学们的广泛关注。不同学院、不同专业的同学们在一场场讲坛结束后，纷纷写下自己的感想，并为下一期主题建言献策。讲坛主讲人应聘火热，每一场讲坛门庭若市，这都是榜样带来的力量。

（四）感动校园人物评选

感动校园人物评选是很多高校为营造积极向上的校园文化氛围，发挥典型人物的带动和示范作用，在校园中倡导健康乐观、积极向上的精神风貌而开展的大型榜样教育活动。某校开展该项活动已逾10届，评选范围涉及学风建设、科技创新、自强不息、志愿服务、社会实践、互助友爱、教书育人等方面。评选活动本着公平、公正、公开的原则，历时两个月，经过各学院及职能部门推荐、专家委员会推荐人选、现场投票、网络投票和专家委员会评审等多个环节，产生最终的人选。这些甄选出来的榜样中有脚踏实地、勇于创新的科技达人，风雨兼程走过漫漫公益路的文艺青年，古道热肠、三年如一日义务照顾同学的好班长，不惑之年仍锐意进取的企业高管，35载潜心科研力攀高峰的优秀教师，抗争血癌永不言弃的坚强女孩，凝聚力量帮助伤病同学重返校园的有爱班级，访遍校园人物事、传播师生真善美的新闻中心，16年不忘初心、牢记使命、永葆党性光辉的党员服务站，面对生活的苦难依旧笑靥如花的乐观少女，等等。感动校园人物评选让大学生倾听了直击心灵的感动故事，感受了刻骨铭心的动人力量。每一次感动校园人物颁奖典礼上，听一句铮铮誓言，看一抹鲜红殷殷，热泪盈眶，感动在心。这些来自优秀大学生的榜样力量感染着每一个人，他们的勇敢、乐观、执着、大爱、无私也触动着每一个人，这些都汇成了展示当代大学生精神风貌的最好诗篇。

二、高校开展榜样教育的成功经验

榜样教育作为思想政治教育的重要方法，长期以来受到党和国家的高度重视，在引导和培育大学生道德情操、价值观念、行为习惯等方面发挥了积极作用。在国家政策的指引下，各高校也将大学生榜样教育作为一项常态化的思想政治教育实践活动来开展，经过多年实践，积累了很多成功的经验，为思想政治教育的内容和方法提供了丰富的素材。因此，对高校开展榜样教育的成功经验进行提取和分析，有助于进一步完善和充实榜样教育。

（一）重视榜样教育的示范效应

榜样教育是一个历久弥新的话题，在历史长河中始终扮演着重要的角色。每个时代的榜样都传承着中华民族优秀的传统和作风，为社会营造了风清气正、和谐友善的良好氛围。作为思想政治教育的重要方法，榜样教育对坚定大学生理想信念、提高政治觉悟、塑造道德品质发挥着不可替代的重要作用。党和政府长期以来关注大学生思想政治教育工作的开展，通过出台各种政策、文件，从制度上给予充分的保障。习近平总书记更是对青年大学生寄予厚望，他指出："青年的价值取向决定了未来整个社会的价值取向，而青年又处在价值观形成和确立的时期，抓好这一时期的价值观养成十分重要。这就像穿衣服扣扣子一样，如果第一粒扣子扣错了，剩余的扣子都会扣错。""扣扣子"理论不仅直白，还道出了党和国家对青年学子的亲切关怀和殷切希望。作为实施大学生思想政治教育的主战场，高校不仅要强化思想政治理论课的主课堂，更需要通过开展内容丰富、形式多样的榜样教育实践活动使学生在潜移默化中接受、吸收和内化优秀的道德情操、价值观念、行为习惯等。在实践中，大多数高校都主动作为，自觉将思想政治教育工作摆在突出的位置，并将其融入高校教育的各个环节。高校主动有为的意识为更好地部署榜样教育创造了良好的基础和前提。在组织保障之下，教育工作者也都认真按照中共中央国务院发出的《关于进一步加强和改进大学生思想政治教育的意见》的指示，选树出一批具有时代性、先进性和代表性的大学生榜样，通过多种途径，积极开展正面典型的宣传，充分发挥榜样的示范带动作用。

（二）榜样教育的层次性增强了榜样教育的针对性

榜样教育的针对性是指根据受教育者的不同情况，如性别、年龄、身心发展特点等采取相应的方法和措施。青年大学生由于成长环境、个体差异、人生理想等不同，对榜样教育的需求和关注也不尽相同。结合各高校开展榜样教育的实践，笔者认为，榜样教育应遵循大学生需求多层次的特点。首先，从榜样教育选树的典型先进人物来看，高校树立了层次丰富、类型多样的大学生榜样，通过宣传本校模范学生、模范教师，使大学生更容易产生亲近感和共鸣感，从而认同榜样教育。根据调查显示，大多数学生认为学校宣传身边的榜样，他们能够看得见、摸得着、学得到，因而受到的影响比较大。其次，采用多元化的宣传载体，拓宽榜样教育的途径。学生认识和了解榜样的途径有很多种，高校主要通过仪式典礼、理论课程等方式进行榜样教育。除了利用传统手段对榜样进行宣传推广外，高校还努力创新宣传载体，通过自制宣传片、微信、微博、手机新闻报等方式，让学生及时、全面、快捷地了解榜样的先进事迹。最后，榜样教育应努力避免"一刀切""一锅煮"的现象。榜样教育与思想政治教育的其他方法的不同之处在于，其他方法偏重理论性，而榜样教育更注重实践性，它源于实践，同时又在实践中进行。实践性作为榜样教育的生命力所在，很好地回应了不同教育对象的不同需求。借助鲜活的人物和真实的案例，榜样教育把大学生每一个成长阶段需要的标杆树立在他们面前，使大学生们感受到了在课本之外的、不一样的教育体验。榜样教育以其灵活性、多层次性增强了教育的针对性，极大地深化和拓展了高校思想政治教育的内容。

（三）示例的生活化和真实性增强了榜样教育的吸引力

各高校积极开展大学生榜样教育工作，利用身边的资源，挖掘和培养了众多在大学生群体乃至整个社会都有重要影响的模范、榜样。从学霸精英到道德楷模，从科研能手到创业达人，从自强之星到见义勇为，这些从高校诞生的大学生身边的先进典型不仅在政治素质、道德品质、学业表现、社会实践等方面有突出的个人表现，而且对校园文化建设、社会良好风气的营造都有重要贡献。这些看得见、够得着的榜样，不再是遥不可及、完美无缺的英雄式人物，而是生活中可以亲近、感知的优秀典型。鲜活的榜样源于大学生的身边，每一个形象都贴近现实，这些榜样所代表和展示的行为天然的与大学生紧密联系在一起。在榜样为大学生搭建起的精神世界里，在同理心的驱使下，大学生的模仿心理机制正在发生并已经开始产生了效应。据相关调查显示，学生对于学校选树与宣传的榜样形象最希望来自自己身边还是取自社会时，绝大多数学生都选择了最想了解身边的榜样；在针对学校选取的榜样与实际情况相符程度的调查中，90%以上的学生表示非常相符和基本相符。由此可见，榜样选树的真实性和生活化是广大学生认可榜样教育的关键。以"感动校园人物评选"为例，在榜样类型的分布上，呈现出多样性：既涉及团体也有个人，既有学业上的优秀也有创业上的典型，既有道德上的楷模也有精神上的先进；在采访对象的安排上，从榜样本人到其身边的专业课老师、辅导员、同学都涉及；在媒介推广上，以图文并茂的新闻报道为主，结合微信、QQ、直播平台等新媒体，进行全方位立体化的广泛宣传。榜样塑造的大众化和真实性将圣人的形象转化为可效仿的对象，将抽象的精神要义解析为具体的行为，这不仅增强了学习者的模仿心理，也提升了榜样教育的吸引力。

（四）榜样教育已在大多数高校建立相关机制

观念先行，行动才有根基。自榜样教育在大学生思想政治教育中的地位得到肯定和重视之后，榜样教育工作取得了长足的进步与发展。当前，绝大多数高校已经将榜样教育作为思想政治教育的重要方法，确立了大学生榜样教育相对科学完整的目标体系，形成了榜样选树、推广、学习、反馈的较为完善的常态化机制。在认真贯彻执行党和政府对大学生思想政治教育工作的要求中，高校将榜样教育作为重要抓手，不断创新工作思路和方法。在长期开展榜样教育的实践中，高校积累了丰富的经验，形成了既具有自身特色又贴合校情的榜样教育模式。很多高校确立了教育者挖掘或大学生推荐相结合，学工部、校团委、组织部、宣传部密切配合的多层次、全方位的选树和宣传机制，这种较为普遍的榜样教育模式确保了大学生榜样能够及时被挖掘、宣传、推广和学习。以某高校为例，在实施榜样教育的过程中，该校形成了"四级"和"两渠道"相互配合、分工合作的榜样选拔宣传机制，即校级、部门级、院级、班级为"四级"，主要负责策划、组织和实施的校团委和学工部为"两渠道"。通过建立宽领域、立体化的选拔宣传机制，保障了该校榜样教育实施的科学性、全面性和连贯性。大学生榜样教育在"摸着石头过河"的实践中，一步步改进和完善着，从最开始的毫无章法到现在建立了常态化的长效机制，无疑是榜样教育取得的重要突破，也是大学思想政治教育取得的重要成绩。

三、高校开展榜样教育存在的问题

大学生榜样教育自开展以来取得了较为突出的成绩，积累了丰富的经验，然而我们在看到成绩的同时，还应该清醒地意识到背后存在的问题。正视榜样教育的不足是改进和完善榜样教育的逻辑起点。榜样教育存在的问题是时代、社会、环境等因素作用的综合结果。我们只有客观全面地进行梳理和分析，才能有的放矢地修正和纠偏、传承与摒弃，让大学生榜样教育在与时俱进中迸发新的生机与活力。目前，学者们站在不同的视角，对大学生榜样教育存在的问题有不同的挖掘和阐释，笔者结合高校开展榜样教育的实际，总结出以下四点问题。

（一）学生的主体性地位没有得到充分发挥

榜样精神的吸收、内化离不开大学生主体地位的彰显。在开展榜样教育的实践中，教育者往往忽视学生的主体需求和发展规律，采取自上而下的强制性手段，将榜样教育的内容灌输给学生。这种单向的教育流动，没有充分考虑学生的心理及行为的发展变化，将榜样教育演变成没有教育对象的教育。在针对学生是否有机会接触榜样人物并与之互动学习的调查中，只有极少一部分学生给了肯定答案。互动交流机会的缺失，不仅严重削弱大学生向榜样看齐的意识，而且不利于充分发挥大学生的主体性作用，最终影响榜样教育的实效性。注重教育者与受教育者之间的双向互动是榜样教育的重要原则，教育者要在做好主导性工作的同时，注重调动大学生的自觉能动性。从大学生自身来看，在应试教育培养体系之下成长起来的大学生，更看重自我实现和功利价值。他们的关注点在怎么修够学分，怎么在社团中谋到一官半职，怎么在毕业时找到一份好工作。典型的实用主义让他们忽略或放松对自己思想道德方面的要求，更不要提参加榜样教育实践活动。此外，大学生正处于世界观、人生观、价值观剧烈碰撞的时期，在人际交往、学业择业、恋爱交友等方面存在诸多困惑和问题，按客观现实来看，他们更需要榜样人物给予方向性的指导。然而，"95后"大学生自主意识强，崇尚自由，追求人格独立等特征使他们不会轻易接受传统的官方显性教育。大学生实用主义、功利主义的倾向以及自主意识的强化告诫教育者：在选树榜样的过程中，如果不切实际，背离大学生的自主意愿，剥夺大学生对榜样的自主选择权，势必会引起大学生的逆反心理，排斥甚至抵制榜样教育活动。

（二）榜样教育的方法有待改进和完善

从大学生榜样教育的方法来看，高校在榜样选树、宣传等方面还存在突出问题，这极大地削弱了榜样教育的效果。第一，榜样选树是榜样教育的前提和基础，当前的问题主要在于榜样产生的随意性和主观性，严重影响了榜样教育在大学生心中的权威感。一方面，榜样的产生存在"任人唯亲"的不良现象。例如在评优评奖的过程中，个别辅导员优先遴选与自己关系较为密切的班干部，致使其他同学对榜样产生质疑，更谈不上对榜样进行学习效仿。另一方面，即便教育者下放了评优评奖、入党资格的指标或权限，受社会不良风气影响的大学生仍然可能存在投票中表面公平、背地拉票的情况，"民主"产生的榜样也不一定是优秀的，最终同样导致榜样的信度和效度都非常低。第二，榜样宣传和运用的方式不当。目前很多高校在对榜样进行宣传的过程中，经常出现两种极端：一种是流于形式，即存在片面化、简单化、形式化的倾向。"雷锋三月来四月走"就是一个让人尴尬的佐证。本该"细水长流"的榜样教育经常在一阵热闹喧嚣后"偃旗息鼓"。走过场的榜样教育不仅让学生从思想上轻视这一实践活动，更助长了学生功利、浮躁的不良气焰。另一种是一味宣传"高大上"的榜样，脱离学生、脱离实际。为了增强榜样教育的感染力和影响力，教育者往往把榜样包装得非常完美，人设基本无瑕疵。事实上，榜样也是人，有值得学习效仿的闪光点，也有普通人都会有的问题和缺点。过度神化榜样，会让学生因为差距太大产生强烈的挫败感和失落感，从而削弱学习的热情和积极性。宣传榜样务必要尊重客观事实，不夸大、不虚构，通过人性化设置弥合榜样与受教育者之间的鸿沟，增强受教育者向榜样看齐的意识。

（三）榜样教育的内容略显单薄

榜样是一定社会价值和道德取向的精神载体，其本身蕴含了榜样教育的根本内容。可以说，榜样的好坏直接决定了榜样教育效果的好坏。榜样教育内容单薄，主要指榜样所承载的内容单薄，主要表现在以下三个方面：一是榜样缺乏感召力和可效仿性，大学生容易感动但缺乏行动。在实施榜样教育的过程中，很多高校推选出一些与大学生身心发展、心理特征不相符合的榜样，学生因缺乏共鸣感和亲近感，使得榜样教育收效甚微。二是榜样事迹不深刻，过程素材空洞欠缺，榜样变成了一个符号或者标签。传统的榜样教育强调成功后的荣耀，但对通往成功路上需要的精神和要经受的考验没有系统挖掘和阐释，白白浪费了有价值的教育资源。受教育者若无法洞悉榜样背后真实的生活和经历，就难以建立对榜样的信念感，榜样教育也就难以取得实质性的效果。三是榜样教育的差异性关怀还不够显著。思想政治教育的层次性要求尊重学生的差异性，因材施教，榜样教育同样不能背离这一原则。具体来讲，大学生榜样教育的目标可以分为三个层次，首先是基础层次，要求大学生遵循社会基本的道德，做一个合格的公民，这也是最低要求的层次；其次是倡导层次，即希望大学生通过榜样教育努力践行社会主义核心价值观；最后是理想层次，即培养大学生树立共产主义的理想信念。在实践中，高校"一把抓""一刀切"的情况屡见不鲜。即便体现出不同的层次，但缺乏针对性也会削弱教育效果。例如将学术名人放在文科性质的高校与放在职业技术学院的效果是不一样的，受众不同，需求也不尽相同。在同一所学校的学生中间，同样也需要关注学生多样化的榜样需求，避免榜样的单一性。例如大一、大二学生的榜样应该在高年级学生中挖掘成绩优秀的、社会实践能力突出的、学科竞赛方面较强的同学，大三、大四的学生则需要考研学霸、创业达人、就业先进等作为选树的榜样。不同年级的学生显然需要不同类型的榜样，可如今很多高校通常选树单一类型的榜样，这显然难以破解大学生榜样教育的困境。

（四）榜样践行的保障监督机制不够健全

榜样是最富感染力的陶冶、提升、强化受教育者道德情操、思想观念、价值取向的教育方法之一。健全榜样选树、榜样培养、榜样宣传和榜样权益保障等相关机制是当前改进和完善榜样教育的重中之重。虽然榜样教育在各高校已基本建立起较完备的机制，但在榜样践行的保障和监督方面还存在一些弊端。首先，榜样的培养过程缺乏情感关怀。榜样不是与生俱来的人格设置，他需要通过实践的考验、锤炼、升华才能成为值得学习和效仿的模范。思想政治教育工作者不仅要善于发现、挖掘榜样，更重要的是培养榜样。事实上，不少高校将榜样选拔出来展示给学生之后，就认为完成了榜样教育的全部工作，而忽视对榜样的继续培养，这不仅影响榜样教育的可持续性，也削弱了榜样本身的信度和效度。其次，榜样监督不到位。有些人在获得榜样的殊荣之后，滋生了骄傲自满的情绪，在虚荣心的驱使下，追名逐利，甚至利用荣誉加持的身份和特殊地位从事一些违法乱纪的事情。这些所谓的"榜样"在大学生中造成了极其恶劣的影响,严重损害了榜样的公信力,削弱了榜样教育的群众基础。再次,榜样权益的保障机制尚不健全。社会学理论认为,榜样的示范行为如果得到他人和社会的认可,则会强化学习者的效仿意愿,反之就会削减学习动机。在大学生榜样教育开展的实践中,会不时出现榜样权益受损又得不到救济的情况,因此"榜样难当"成为很多人的顾虑。此外,榜样都会经历从被吹捧到热度消退的过程,当他们自身无法调试好这个心理过程,就会陷入悲观失落的状态,到头来反噬自己取得的成绩,影响正常的学习生活,教育对象也会对此产生怀疑和不安,难以激发学生对其学习效仿的热情。最后,榜样教育的评估反馈程序缺位。对榜样教育效果的评估和反馈是提升榜样教育活动实效性的重要环节,也是最容易忽视的环节。高校往往将重心放在榜样教育活动的组织和实施过程中,活动一结束就意味着完成了任务,至于学生是否从中收获了感悟,是否领会到榜样精神,是否愿意学习和效仿榜样,教育者很少进行后续的跟踪调研,致使榜样教育实践活动"虎头蛇尾"。忽视评估和反馈就无法真正得知榜样教育开展的实际效果,也无从获取今后开展榜样教育的参考性经验和建议。

第三节　加强和改进高校榜样教育的对策

通过以上对榜样教育相关理论的梳理和论述,结合目前高校开展榜样教育的实践,笔者在总结取得成绩的同时进一步剖析出当前影响榜样教育开展的阻碍性因素,并在此基础之上,探索加强和改进高校榜样教育的对策,以期充分发挥其对大学生思想政治教育的作用。

一、树立科学的榜样教育观,增强对榜样教育价值的认识

在新时代的背景下,开展大学生榜样教育的前提和基础已经发生变化,为适应新的发展要求,不断提升榜样教育的吸引力和实效性,教育工作者必须更新观念,牢固树立科学的榜样教育观。

（一）转变传统榜样教育固化观念,树立科学健康的榜样教育观

观念是行为的先导,观念的正确性直接影响行为的过程和结果。在开展榜样教育的过程中,教育工作者要继承和发扬榜样教育的优良传统,纠正和摒弃错误的榜样观念,辩证地宣传和看待榜样现象。目前,高校在发挥榜样教育的

育人功效方面效果还不明显，主要原因就在于教育理念的固化。为破解观念制约效果的藩篱，教育工作者可以从以下四个方面做出努力：第一，树立榜样教育的时代观。榜样必须鲜活才有生命力，烙上了时代印记的、真实鲜活的榜样，更容易引起人们的情感共鸣。每一段社会进程背景下都有符合那个时代主题和特征的榜样，一旦脱离现实的土壤，榜样即便可以生根发芽，也无法结出有价值的果实。第二，树立榜样教育的真实观。要真实，就必须敢于揭露"假恶丑"，反对完美观。榜样也是人，榜样事迹也源于日常点滴，在榜样教育过程中，如果过度包装榜样的形象，将其塑造成没有任何缺点的完美角色，本身就是一种错误的价值导向。弘扬榜样事迹的真善美是重点，敢于揭露"假恶丑"同样也是一种魄力和美德。第三，树立榜样教育的系统观。思想政治教育是一个大系统，榜样教育作为其中的子系统本身也有自己的运行体系。榜样教育的系统观要求从榜样的统筹设计到整体安排，各个方面都要相互协作、相互配合，以确保榜样教育的延续性、统一性和全面性。系统性要求将榜样教育置于一套完整的体系中，按照既定的目标和计划，有组织、有节奏地长期推进。因此临时性、突击性、应付性是榜样教育的大忌。第四，树立榜样教育的"三贴近"观。榜样教育是在一定原则指导下进行的教育实践活动，其中很重要的原则就是"三贴近"，即贴近大学生群体、贴近大学生生活、贴近大学生心理。首先，贴近大学生群体。"见贤思齐"是中国的老话，意思是看到德才兼备的人就要向他看齐。大学生身边本身就有很多优秀的同学，以他们为榜样，既能让学生近距离学习、效仿，又能随时与他们进行交流，得到思想上的启示。其次，贴近大学生生活。榜样教育不仅要起到引领示范的作用，更重要的是贴近生活，帮助学生解决现实的问题。大学生正处于三观塑形阶段，很多思想上的疑惑、矛盾、迷茫需要得到消解和指正。树立生活化的教育理念，将榜样教育由被动地组织实施变为根据大学生的需求主动开展，不仅使榜样教育更接地气、更易于被接受，而且更能有效帮助大学生树立正确的人生价值观。最后，贴近大学生心灵。贴近大学生心灵，就是要获取大学生的情感认同。直指内心的教育不一定是成功的，但走不进内心的教育一定是失败的。大学生有丰富的情感体验，榜样教育要走进大学生的心灵，就必须通过各种形式感化学生从而帮助其产生行为动机。

（二）提高教育者和学生对榜样教育价值的认识

榜样教育作为一种以榜样为核心载体的、对人进行教化的教育实践活动，在大学生的社会化进程中发挥着重要作用。长期以来，党和政府高度重视榜样教育，在不同的时期选树了一大批体现时代精神和社会价值取向的榜样。为了解决现实中高校开展榜样教育缺乏可持续性的问题，教育工作者必须转变观念，提高对榜样教育价值的认识。具体可以从以下几个方面进行丰富和强化：首先，教育者要充分认识榜样教育与思想政治教育之间的关系。榜样教育是大学生思想政治教育的重要方法，具有其他教育方式不可替代的优势。榜样教育的激励性、生动性、示例性等特征调和了传统思想政治教育的严肃性、说教性、理论性等备受诟病的缺陷。榜样教育通过引导大学生主动思考、批判性接受，对榜样精神由认同到内化再到践行，符合大学生的心理发展特征，加强了思想政治教育的实效性。其次，教育者要充分认识榜样教育具有感染力的价值。榜样的表率行为和人格力量本身就能产生强大的说服和感染力，榜样教育将抽象的理论拟人化、立体化、故事化，将复杂的道理抽丝剥茧，学生更易接受，也更容易消化。最后，教育者要充分认识榜样教育的教化功能。榜样教育的目的是促进大学生知行合一，引导大学生的思想和行为符合社会主义核心价值观的要求，通过强化教育效果，提升大学生道德修养、净化大学生思想境界、激发大学生行为动机。此外，作为教育的另一方主体，引导学生加强对榜样教育价值的认识也同等重要。实践时可以从两方面突破：一方面是搭建平台，鼓励学生践行榜样精神。榜样教育的目的不仅是要学生了解榜样事迹，更重要的是要求学生在实际生活学习中践行榜样精神。因此，高校可以在社区、校园、楼栋等搭建平台，利用主题班会、暑期社会实践等活动推出榜样，引导学生知行合一。另一方面是提倡榜样教育日常化。由于主体的差异性是客观存在的，这就决定了榜样教育是不可能有统一的实施标准的。习近平总书记曾说过："我们就是要善于向先进典型学习，在一点一滴中完善自己，从小事小节上修炼自己。"为此，榜样教育在选择贴近学生身边榜样时，要更加注重具体化、日常化，在教育的潜移默化中强化学生的先进思想和向善行为。

二、创新教育方式方法，提升榜样教育的说服力

要最大限度发挥榜样教育的功效，就需要辅以多种教育方法。教育工作者要在深化原有方法的基础上，尊重受教育者的主体地位，创新运用多种方法，切实提高榜样教育的实效。

（一）运用情境再现法，增强情感共鸣

情景再现法是榜样教育最重要、最有效的方法之一。其运行原理是通过让受教育者融入榜样先进事迹和优秀品质的情境中，来提升他们的感悟力，激发他们的同理心，进而强化他们的看齐意识。情景再现法在诸多领域都有所运用，就高校的榜样教育而言，其可以通过多种方式实现。一是通过各种仪式活

动，如感动校园人物颁奖、大学生讲坛、毕业生优秀事迹宣讲会等，运用视频、文字、图片等形式再现榜样事迹始末，还原榜样的心路历程，透视榜样成长的点点滴滴。学生在庄重、神圣的仪式典礼中，容易受到氛围的感染和熏陶，唤起学习榜样、争做榜样的热情和动力。值得注意的是，对榜样事迹的挖掘要重在朴实、突出细节，最后出来的效果才具有冲击力，才能直抵心灵。二是主动创设各种情景，以榜样事迹为参考，形成激励性情境。这种方式的操作技巧是通过对榜样人物的优秀事迹做重点介绍、聚焦渲染，点燃学生内心的感动。在设置情境中，要注意追踪学生的行为和动机，引导他们树立正确的世界观、人生观和价值观。科学合理地运用情景再现法，不仅有助于教育效果的潜移默化，还能促进学生将榜样精神内化后更好地践行。

（二）运用沟通引导法，形成内心认同

沟通引导法在榜样教育的语境里是指，通过教育者与受教育者之间的对话和讨论，引导受教育者了解、接受、认同榜样精神，进而产生强烈的学习、效仿意愿的方法。沟通引导法契合了教育的根本要求，能更贴切地满足大学生的内在需求。交流对话是榜样教育最重要的本质属性。当前的大学生自主意识和参与意识都比较强，他们不喜欢甚至排斥单向的理论灌输，教育者要在充分尊重学生主体地位的前提下，通过创设自由、平等、民主的氛围与之展开互动交流，进而达成共识。沟通引导法强调"三个提倡"：一是提倡互相尊重、坦诚相对。教育者与受教育者要在平等、尊重的基础之上，就榜样事迹发表真实的意见和看法，通过在不同声音中碰撞出的思想火花，让学生从内心深处真正认可榜样精神。二是提倡与时俱进、及时答疑。在交流的过程中，教育者不仅要对学生表达的思想观念进行判断，更重要的是积极引导学生更新观念，通过解答学生自身的思想矛盾，促使其自主建构思想品质。三是提倡心灵碰撞、身体力行。教育者在整个沟通引导的过程中，要有同理心，注重沟通技巧，与学生们进行心与心的交流。更重要的是将学习榜样的选择权交给学生，以充分调动他们学习榜样的积极性和自主性。

（三）运用情感体验法，促进知行转化

马克思主义认识论认为，实践决定认识，认识对实践有能动的反作用，实践是认识的来源、动力和检验标准。这条铁的定律同样适用于榜样教育。不管榜样教育开展的过程有多成功，辐射范围有多广，影响有多深远，最终还是要落实到行动上来。以榜样作为参照物，将自身置于榜样的角色之中，并按照榜样的设定模式做人行事，从而达到自我与榜样的吻合，这个不断逼近榜样的过程就是体验和感悟的过程，我们称之为情感体验法。在具体实践中，我们可以通过多种形式来实现情感体验：一是通过参观学习，强化榜样教育的真实感。参观学习就是让受教育者亲自到榜样学习、工作、生活的地方进行参观，在特定的环境和氛围中观摩榜样养成记，与榜样的先进事迹和高尚品质进行现实、深度的对话。二是在日常生活中，教育者要鼓励、号召大学生积极参与实践锻炼，弘扬榜样精神，形成学习榜样的常态化机制。"纸上得来终觉浅，绝知此事要躬行"，榜样精神就是要求亲自去学习、效仿才会有所收获。三是开展巡回演讲、建设网络平台，拓宽榜样教育的途径。巡回演讲是榜样本人将亲身经历以面对面口述的方式传递给受教育者，这种直接的交流，拉近了学生与榜样的物理距离，在空间上排除了教育效果不佳的可能性。建设榜样教育主题网站，可以及时、全面地将榜样事迹进行传播，同时引导学生对此进行互动式发帖或评论，完成对大学生的正面教育和引导。

（四）运用偶像榜样法，强化正确行为

以"95后"为主的大学生普遍存在偶像崇拜的情况，偶像经济、粉丝效应在互联网的助推下掀起一波波热潮。如何利用榜样与偶像之间的关联，深层挖掘偶像崇拜中的积极因素，并利用它引导大学生提升思想道德修养、规范行为习惯、树立正确的人生价值观，是创新榜样教育方法的有益探索。关于学生的偶像崇拜行为，不少人认为，偶像崇拜就是盲目追星，会对学生的学习生活造成很大影响。这种看法显然有失偏颇。当前，大学生崇拜的多以歌星、影星、体坛明星为主，欣赏的内容主要倾向于偶像的外形。因此，偶像崇拜在大学生中确实存在不理智、不成熟的一面。但我们也必须意识到：偶像崇拜是大学生心理矛盾的必然产物，有客观性、不稳定性，也有可塑性、易疏导性。偶像与榜样并不对立，两者可以相互交融、取长补短，共同发挥作用。运用偶像榜样法，就是努力挖掘偶像崇拜中的教育资源，补充和拓展榜样教育的形式。"榜样"要向"偶像"特质学习，让榜样产生偶像化效能：一方面引导学生理性认识偶像，能对偶像进行批判性学习；另一方面要发掘偶像在道德品质、行为习惯、价值观念等方面的正能量，以激励大学生对偶像的正面形象产生认同感，进而自觉提升自己的思想政治素质。

三、完善榜样教育工作机制

完善和优化榜样教育工作机制是指做好榜样教育的选树、培育、宣传、评估反馈等环节的工作，使几个方面有效进行对接和整合，达到最优的结构和状态，从而为提高榜样教育实效性提供强有力的保障。

（一）优化选拔机制：注重榜样的挖掘

榜样选拔机制包括选拔标准的制定、选拔步骤的实施、选拔对象的确定、选拔结果的公示等。要确保高校榜样教育的有序开展，首先就要从源头进行规范，建立多层次、全方位的选拔机制。在实践中，可以建立以校团委、学工部为指导，学院、班级、社会组织提供榜样资源的协作模式。在内部统一协调机制作用下，通过充分发挥各部门、各渠道的作用，确保榜样选拔的科学性和代表性。就社会组织中推选出的榜样，高校要将政治性摆在首位，将思想先进、政治坚定、德行高尚、能力突出的模范人物推送到大学生面前。此外，还应将不同年级学生的年龄特征、身心发展阶段、心理诉求等作为重要参考，提高榜样选拔的实效性。就校内遴选出的榜样，学校各职能部门、学院、班级、社团等都应承担起榜样挖掘的责任。通过确立层层选拔机制，使选树的榜样更具广泛性和真实性。为了丰满榜样的人格特征，从而使榜样形象更深入人心，在遴选对象的设计上，不仅要深度对话榜样本人，还要从其身边的同学、老师、辅导员等群体进行多角度综合了解；在遴选内容的安排上，不仅要突出榜样的闪光点，还要适当补充榜样的人生经历、成长经验等，使榜样的人设更加具体和真实。总之，优化榜样选拔机制可以使产生的榜样具有层次性、代表性和时代性，更好地确保大学生榜样教育持续、高效地开展。

（二）优化培育机制：注重榜样的培养

教育者不仅要从源头上把握榜样选取的质量，还要着眼于对榜样的继续培养。在优化榜样培育的机制中，要注意以下三个要点：一是坚持榜样培育的生活化原则。教育者要尽可能挖掘学生身边的榜样，对其先进事迹和精神进行宣传。相似的成长环境和教育背景能够使榜样身边的同学更容易产生共鸣和信服的情感，近距离的典型示范缩短了学习者与榜样之间的心理差距，能更容易激发学习者向榜样学习的热情和动力。此外，朋辈榜样的思想观念、价值取向，为人处世的态度和方法往往与其他同学具有共通性，他们的榜样行为更有说服力，更能被其他同学所接受。二是坚持榜样培育的发展性。榜样可能是一直优秀的，也可能会腐化堕落，还有可能由后进转化为先进，对此，我们要用马克思主义发展观来看待这个问题。既要确保榜样的相对稳定性，也要加强对榜样资源的补充，更要做好榜样的新老交替工作。三是坚持榜样培育的教育引导。榜样受到人们推崇后，要加强对他们的继续教育和心理引导。一方面要教育他们更严格地要求和约束自己，做好同学们的表率；另一方面警惕、克服成为榜样后滋生骄傲自满、目中无人等不良心理，同时，还要学会调试从鲜花掌声中走出来的不适心理。

（三）优化宣传机制：注重内容的客观真实性和载体创新

榜样宣传是榜样教育的关键一环，要遵循自身运行的客观规律和一定的原则，才能对榜样教育起到事半功倍的效果。真实性是榜样宣传的生命线，它要求不仅人物要真实，而且事迹也要真实。这就要求教育者在实践中要辩证地看待榜样，一方面积极挖掘、宣传榜样的先进事迹，另一方面不回避榜样身上的缺陷和不足。刻意追求榜样的完美度以及违背客观事实拔高、神化榜样，都是极其幼稚和错误的行为。全面、客观、真实地反映偶像，才是宣传入脑入心的前提。在信息化时代背景下，大学生接触、掌握教育资源的能力和途径已完全颠覆传统教育的输出，教育者唯有不断创新榜样教育载体，拓宽教育渠道，积极主动地应对新媒体的挑战，才能占领思想政治教育阵地的制高点。可参考的做法有，建立榜样教育的主题网站，开设有关榜样的专栏，允许学生就榜样的先进事迹发表评论和看法；利用网络投票让学生票选出自己心目中的榜样，增强榜样教育的可参与性与影响力；将本校的榜样资源向社会宣传推广，实现榜样教育的共享性等。此外，制作榜样教育专题宣传片，利用图像、声效的形式生动还原榜样事迹，生动、真实地展现榜样人格特征和优秀品质，教育效果将更加显著。

（四）优化评估反馈机制：注重榜样教育的实效性

教育工作者通过榜样教育的评估反馈，可以及时掌握教育情况，据此调整方法和内容，为下一次榜样教育实践积累经验教训，从而不断优化榜样教育。高校应结合自身实际，完善相关机制，建立专门的组织机构对大学生榜样教育的开展情况进行评估。作为一种实践性教育，教育者对榜样教育的评价显然不适用量化考核法，只能就大学生的行为习惯和思想动态进行定性评价。教育者可以通过与学生互动交流、网络评估系统等方式，了解、把握学生行为发展的趋势和思想转变的过程，以此为依据做出大学生榜样教育是否具有影响力和说服力的评价，进而帮助自身更加全面、客观、准确地掌握榜样教育开展情况和取得的教育实效。此外，学生也可以主动承担起榜样教育开展情况的反馈者、信息员，将榜样教育的所思、所获、所感积极与其他同学进行交流，或者通过学校贴吧、官方微博和微信公众号等渠道发布，以便让教育者及时了解榜样教育的实施效果。通过分析实际效果与预期效果之间的差距，教育者能更加有的放矢地做好榜样教育工作。

四、优化榜样教育环境

榜样教育有净化环境的作用，其自身的发展也需要环境的优化。良好的社会环境、家庭环境、校园环境的无缝对接，有助于强化榜样教育实施效果，为大学生成长成才创设和谐氛围。

（一）优化榜样教育的社会环境

和谐的社会大环境给榜样教育提供了良好的氛围，反过来榜样教育也能为营造良好的社会大环境发挥重要作用。优化榜样教育的社会环境可以从两个方面入手：一是营造良好的社会风气。首先，大力弘扬社会主义主流价值观。社会主义核心价值观是符合时代发展要求、最先进、最智慧的主流价值观。党和政府要充分利用各种媒介输出社会主义核心价值观，为榜样教育创设优良的精神文化氛围。其次，加强公职人员队伍建设。尤其强调公职人员思想建设，引导公职人员严格要求自己，努力提升政治素养、业务水平，养成良好的工作作风和生活作风，为广大人民群众树立一杆旗，成为他们学习的标杆。最后，严肃社会治理。让"惩恶扬善"从口号变成行动，减少社会环境的负面因素。通过塑造风清气正的社会环境，保障大学生榜样教育的顺利进行。二是创设学习榜样、尊重榜样的社会氛围。"人性化"是这一对策的关键词，人性化对待榜样，既要理性地看待榜样的先进，也要对榜样的不足与缺陷给予宽容。此外，要建立健全榜样权益保障机制，不仅关心榜样的精神需求，也要强调榜样的物质生活，不能让榜样流血又流泪。"榜样是人们看得见的哲理"，社会环境越清朗，学生越看得清榜样的力量。

（二）优化榜样教育的家庭环境

家庭是人生中的第一课堂，父母是孩子的第一任老师。父母的思想观念、行为习惯、为人处世的准则和方法等都会对子女产生潜移默化的影响。如果父母的影响是积极正面的，那父母在子女心中的榜样形象就会被不断强化，然而不好的家教和不良嗜好就会对子女产生负面甚至是毁灭性的影响。因此，优化家庭环境显得至关重要。首先，父母要加强自身修为，以身作则自觉践行榜样精神，用身体力行告诉孩子榜样精神的价值和意义所在。其次，努力营造和谐、温暖、充满爱意的家庭氛围，建立亲善、平等、民主的亲子关系，孩子一旦获取了足够的安全感，对这个世界充满善意，就容易接受榜样的感召，从而养成良好的思想品德。最后，引导孩子正确选择榜样、学习榜样。家长要加强与孩子之间的沟通，认真倾听孩子对榜样的评价和感受，肯定孩子的正确认识，指出其思想上的误区，通过共情强化榜样教育。值得注意的是，面对孩子的偶像崇拜行为，家长要理性对待，切忌一味打压。正确的做法是，与孩子平等对话，引导孩子主动挖掘偶像身上的优秀品质，发挥偶像崇拜的积极作用。

（三）优化榜样教育的校园环境

校园是社会的缩影，是学生学习、生活的主要场所。作为提高大学生榜样教育的重要途径，校园环境是一种无形的教育资源，对学生发挥着潜移默化的影响。优化校园环境主要从物质环境和人文环境两方面入手。一方面，加强校园基础设施建设和规范化管理。通过塑雕像、张贴名人名言、开设宣传专栏等形式，将榜样人物和事迹渗透进人文精神，同时以显性的方式呈现在学生面前，给予学生鼓舞、激励和警示。除了加强对校内基础设施建设的投入，针对校内的商铺和校外周边环境也要加强规范和管理，最大限度降低周遭环境对学生可能产生的不利影响。另一方面，在人文环境的建设上，高校要努力构建自由、民主、开放、共享的校园文化环境，充分利用校内媒体资源，加大对榜样的宣传力度；加强和谐人际关系的构建，充分调动学生的自主能动性；重视师资队伍建设，在学生中树立起可亲可敬的榜样形象，做好学生身边的表率。通过以上多种渠道和途径为大学生榜样教育营造良好的文化氛围。

结语：

榜样人物、榜样事迹滋养着、鼓舞着、积淀着一代又一代中国人积极向善的秉性，并成为中华民族推崇的价值理念、家教家风、社会新风中最显著的标签。榜样教育是思想政治教育的重要方法。对大学生榜样教育的实证研究，有助于进一步拓展思想政治教育方法的研究，增强思想政治教育的吸引力和实效性。这是新时代背景下思想政治教育的新命题，也是本章探讨的价值所在。

第四章 主题教育活动

主题教育活动是高校开展思想政治工作的传统方式之一，也是各高校第二课堂开展大学生思想政治教育的重要载体。2012 年，中共中央宣传部和教育部联合印发了《全国大学生思想政治教育工作测评体系（试行）》，将"利用重要节庆日、重大事件，开展爱国主义教育、民族团结进步教育和时代精神教育"和开展社会主义荣辱观教育作为课堂外思想政治教育的指标之一，明确了主题教育活动在思想政治教育工作中的重要地位。

目前，各高校在主题教育活动中，改进工作方法、强化主题教育活动过程中各要素的有效联动，在设计主题教育活动的内容上，结合学校自身特点，把握时代感和传统教育，注重理论和实践相结合，教育实施与宣传引导相呼应，创造性地开展特色活动，以此实现对大学生的思想引导，实现大学校园主题教育活动内容的多元化。

第一节 主题教育活动概述

一、主题教育活动的内涵、特点及意义

（一）主题教育活动的内涵

1. 主题

《现代汉语小词典》对"主题"一词的解释是："文学、艺术作品中所表现的中心思想，是作品思想内容的核心。"在《现代汉语词典》中，"主题"主要指作者在说明问题、发表主张或反映社会生活现象时，通过文章或作品的全部内容表达出的基本观点。主题与专题、专项之间有明显的区别。

专题主要是专门研究讨论某项主旨明确的内容，针对某项内容而进行的专题研讨活动。如高校大学生艾滋病专题研讨等。专项工作则偏向于中性或负面

内容，如高校安全专项整治工作、精准扶贫专项工作等。专题和专项一般侧重于某一项的内容，而主题可以有很多的专题，但必须把专题集中提炼为一个鲜明的主题。

2. 主题教育活动

主题教育活动是指开展具有某种基本思想内容核心的、隐含思想政治教育目的的相关活动。高校第二课堂主题教育活动是指各高校按照大学生思想政治教育工作相关要求，综合教育环境、学生发展和成长特点，以增强大学生思想政治教育实效为目的，组织在校学生在第一课堂外围绕特定的主题，在一定时期和阶段开展的思想政治教育活动。具体来说，它主要包含以下几层含义：

第一，第二课堂主题教育活动开展的时间和空间是在第一课堂之外的。虽然它是动态的，但与课堂教学中的课程一样，是高校综合当前的时代背景、社会现状、学校特色、学生特点等方面有计划的在一定周期和阶段开展的统筹思想政治教育工作的活动。它有周密的教学计划，对主题教育活动内容有严格的规定，只是学生在学习的时间和空间上更自由。

第二，第二课堂主题教育活动是有组织地开展的。高校主题教育活动是由学校有关职能部门及学生社团组织根据学校的人才培养目标和学生的发展要求共同制订计划，提出明确的实施细则，安排教师指导，依托学生社团有效地进行组织、实施。主题教育活动不是简单的几次活动的叠加，而是围绕该主题开展的一系列活动。此外，主题教育活动必须遵循"以教师为主导，以学生为主体"的原则。警惕单纯把学生视为行动的发动者、主动者的片面观点。

第三，第二课堂主题教育活动的内容是富有教育意义的，形式是丰富多彩的。《中共中央国务院关于进一步加强和改进大学生思想政治教育的意见》（中发〔2004〕16号文），对"加强和改进大学生思想政治教育的指导思想"做了明确要求，即主题教育活动应以理想信念教育、爱国主义教育、思想道德建设、大学生全面发展为主要内容。一方面，主题教育活动应对大学生进行思想理论教育和价值引领；另一方面，主题教育活动应坚持以人为本，德育为先，促进学生全面发展的教育方针，提高学生的综合素质。

（二）主题教育活动的特点

主题教育作为高校开展思想政治工作的重要载体，承担着隐性教育的任务，有助于丰富大学校园文化。它以教师为主导，以学生为主体，主题鲜明、结构灵活，学生选择性强、自主性高，能调动学生的主动性和积极性。高校在开展第二课堂主题教育活动时必须遵循思想政治教育规律，根据大学生的成长规律和身心特点，把握主题教育活动的特点，将教育的理念、价值导向潜移默化地传递给学生，并使其转化为学生自觉的行动意识，推进大学生思想政治教育的实效。

1. 主旨明确，针对性强

主旨明确，针对性强是主题教育活动最为突出的特点之一，也是主题教育活动受到高校普遍运用的重要原因。主题教育活动的开展根据受教育群体实际情况的不同，因人、因时、因地制宜，真正实现大学生思想政治教育实效的最终目的。

首先，主题教育的选择有很强的针对性。高校坚持以立德树人为根本，具体来说，各高校在开展主题教育活动时，选择针对性强的主题，其内容主旨主要是反映教育目标要求。主题教育内容紧扣"国家中长期教育改革发展纲要"、各高校、院（系）发展战略和人才培养目标，以理想信念教育为核心，培育和践行社会主义核心价值观，秉承"以人为本"的宗旨，确定主题教育目标并将其贯穿于主题活动的始终。

其次，不同主题的受教育对象有不同的针对性。针对高校大学生之间的差异性，在选择主题内容的过程中，应结合高校大学生的时代特点和年级认知水平，从实际情况出发，在学生发展的不同阶段分阶段地进行有针对性、主题鲜明的活动。在活动开展过程中，注重对学生健康人格和个性的培养与塑造，帮助学生提高实践能力和创新能力，提高学生认识世界、改造世界的能力。如，针对大一新生，开展以新生适应性为主题的教育活动；针对大二、大三学生，开展以理想信念、学校认同感为主题的教育活动；针对大四学生，比较适合开展以择业就业、文明离校等为主题的教育活动。

2. 灵活性高，实践性强

主题教育并非一成不变、单一枯燥，其实它的内容丰富，组织形式多样，特色鲜明，灵活性高。组织者可灵活的选择教育主题，激发学生的参与兴趣，增强教育的吸引力和感染力，引导学生在具体的实践活动中发展自己，以此调动学生接受教育的积极性，真正提高学生受教育的成效。

首先，主题教育活动的内容是灵活的。大学生是发展变化的群体，不同的教育阶段、群体及社会环境对主题教育的内容需求也不同，这也要求高校在开展主题教育活动时在内容上也与时俱进，开展适合学生、时代、社会需求的有针对性的教育。如针对大四学生，创业、就业、考研、出国等教育内容不可能全部涉及，需要根据学生的实际需求灵活地选定主题内容。

其次，活动方式的多样性是主题教育灵活性和实践性强的最好体现。主题教育活动有丰富的活动方式，如主题演讲、团日活动、文体活动、征文比赛等，在选择活动方式时，可灵活地选择，可以是某种单一的方式，也可是几种方式的叠加；可以是个人，也可是团队。通过学生的亲身实践，将理论和实践相有机融合，激发学生学习积极性，最终实现思想政治教育效果。

3. 内容丰富，阶段性显著

高校主题教育活动在内容选择上应符合高校思想政治工作的需要，内容丰富，组织形式丰富，特色鲜明。其主要内容包含用历史知识育人、法律法规约束人和用时代精神引导人。不同的教育阶段，主题教育的内容和形式都有所不同。只有运用好主题教育活动的阶段性特点，才能使其针对性、灵活性的特性更为显现，从而增强思想政治教育的实效。它的阶段性主要体现在教育时间和教育内容两个方面。

首先，主题教育活动开展的时间具有阶段性。高校根据学校的育人目标和侧重点，把握不同学生活动的意义和具体开展的时间阶段，在全盘统筹学校的育人活动后，确定相应主题教育活动开展的时间范围。时间范围可是一周、一个月、一学期、一年，但不可出现永远开展一项主题教育活动的情况。

其次，主题教育活动内容具有阶段性。不同时期的主题内容会有变化，高校必须结合当时的特点，适时地调整主题内容。

最后，主题教育活动是动态发展的过程。它是传统主题教育活动向现代主题教育活动转变发展的过程和现代主题教育活动不断完善、深化、发展的过程。它具有延续性强、创新变化的特点。主题教育活动的内容丰富不仅是停留在主题内容选择和角度的创新，还是理论的不断继承和创新的动态过程。仅以历史知识育人主题活动为例，从采用各类图片、实物展示，到红色歌曲比赛、诗歌朗诵再到实地参观、民俗体验等，其内容都在不断地完善中，且具有传承沿用的特点。

4. 与时俱进，时代感强

主题教育活动应紧跟国家政策及教育形势，其主题内容具有极强的时效性和强烈的时代感，宣传方式紧跟时代潮流。

首先，主题教育内容与时俱进。在主题教育活动过程中，及时准确地根据社会最新动态，体现反映时代精神、时代特征和时代要求的内容。如 2011 年高校开展"纪念建党 90 周年"主题教育活动，2012 年高校开展以爱国主义为主题的教育活动，2014 年高校开展以社会主义核心价值观为主题的教育活动，2015 年高校开展以"中国梦"为主题的教育活动等。

主题教育活动一般采取常规教育活动和非常规教育活动。常规主题教育活动是围绕固定的重大教育的日期开展主题教育活动①，如清明节、中秋节开展中国传统文化主题活动。非常规主题教育活动则主要开展因突发事件而开展的主题教育活动。

其次，宣传方式紧跟时代潮流。高校在开展思想政治教育活动过程中，应不断改进校园活动的宣传方式和途径，增加主题教育活动的感染力和吸引力，利用校园广播、QQ、微信、微博、人人网等网络平台进行活动创意征集、活动过程宣传、活动结果反馈等，保证主题教育活动的关注度和有效性，发挥网络育人的强大功能。

（三）主题教育活动的意义

主题教育活动是高校第二课堂思想政治教育活动的重要组成部分，是高校思想政治教育过程中一个必不可少的环节，对于实现人才培养目标具有其他教育环节无法替代的独特价值。如何认识和发挥第二课堂活动在高校第二课堂思想政治教育中的作用，已成为当前高校育人工作中一个重要的问题。主题教育活动的内涵和特点决定了它在教育过程中特有的意义。具体表现在以下几个方面。

1. 有利于把高校思想政治教育工作实效性的迫切要求落到实处

目前，高校思想政治工作在功能定位、作用发挥、方向引导等根本问题上与现实的要求和社会的需要严重脱节。习近平总书记在全国高校思想政治工作会议上指出："高校思想政治工作关系着高校培养什么样的人、如何培养人以及为谁培养人这个根本问题。"高校思想政治工作的主要任务是立德树人，而这项工作所面临的一个战略性且紧迫性的任务，就是如何改进和加强大学生思想政治工作，以适应不断出现的新情况和新问题。

学生在校期间大部分时间是按照课堂教学计划规定的课程上课，但仍有许多课余时间可由他们自由支配。而目前高校思想政治理论课中最突出的问题之一就是缺乏思想政治教育的实效性。思想政治理论课仍集中采用灌输式的教学方式，理论说教已不能满足复杂多变的现实社会和大学生的接受方式，思想政治的相关专业在课程内容的安排上极其不合理，进而不能实现思想政治教育的预期效果。因此，高校要组织丰富多彩的、有意义的、健康向上的主题教育活动去充实大学生的课余生活，占领第一课堂主渠道之外的阵地。主题教育活动有鲜明的主题和形式多样的活动载体，与学生的实际生活相贴近，有一定的凝

---

① 张卜升. 大学生"主题"教育科学化的策略研究 [D]. 哈尔滨：东北林业大学，2015.

聚力，能在各种活动中引导学生把自己的成长、成才同社会发展、国家命运相联系，在活动中磨炼自己的意志，坚定自己的马克思主义信仰和共产主义信念，从而帮助他们树立正确的人生观和世界观。实践证明，主题教育活动能有效改进和加强大学生思想政治教育。

2. 是思想政治理论教育与实践相结合的必然要求

思想政治理论教育与实践相结合，是理论联系实际原则在大学生思想政治教育中的贯彻落实，是中国共产党的思想政治教育的优良传统，是思想政治理论教育顺利实施的保障。社会实践是思想政治教育产生和发展的决定因素，也是高校开展思想政治教育的最为生动和直观的途径。主题教育活动既注重理论教育，又注重实践教育，通过活动引导和帮助大学生树立科学的世界观、人生观和价值观，通过实践巩固和强化理论教育的成果，真正提高大学生的思想觉悟和政治素质，增强大学生的社会责任感。

主题教育活动以全体学生为主体，兼顾了不同院系、年级、个体的需求差异，因其参与主体的广泛性，活动形式的多样性，贴近实际、贴近生活、贴近大学生，使思想政治教育途径更加充实而丰富、有趣而生动。如专业学习和社会实践、创新创业、公益活动相结合等。不断丰富主题教育活动的形式，调整教育方式，提升活动的效果和质量，使大学生能在活动中真正的长才干、受教育、做贡献。

3. 有利于培养大学生综合素质

主题教育作为大学生思想政治教育的重要载体之一，通过运用现代化传播手段，灵活多样的活动方式，可以拓宽学生视野，提高学生解决实际问题的能力。同时，对于发挥学生的个性，提高学生的综合素质能起到重要的作用：一是包容不同性格的学生，使不同个性的学生能各展所能、各尽其才；二是调动学生个体的能动性，充分挖掘学生的潜力，使学生的个性和能力充分结合，形成自我良性发展；三是培养学生健康心理，陶冶情操，促进学生健全人格的养成；四是促使学生在实践中培养探索性和创造性。

4. 有利于丰富校园精神文化生活

良好的校园文化氛围对高校实现全面、协调和可持续发展具有重要的意义。丰富校园精神文化建设不仅可以推动高校办学水平向高层次发展，还是进一步强化大学生思想政治教育工作的有效途径。

校园精神文化是一所学校的灵魂，更是校园文化的核心要素。因其主题的确定是以学校的发展战略为目标，是为学校的发展服务，其特有的精神文化氛围包括道德准则、价值体系、思想观念等，具有鲜明的大学特色，对学校师生的思政品德形成具有潜移默化的作用。

主题教育活动通过开展形式多样的学术、实践、文艺、体育活动，在活动中结合培养大学生美育、体育、智育和德育，丰富了大学生校园课余生活。此外，作为校园文化建设重要组成部分，主题教育活动对宣传校风、教风、学风，培养大学生的综合素质起到了重要的作用①。

二、主题教育活动开展遵循的原则

(一) 突出主导性原则

大学生主题教育活动作为思想政治教育重要组成部分，固然具有主导性的地位，其主导性主要表现在内容主题和教育工作上。一是在内容主题上发挥主导作用。主题教育活动是思想政治教育的具体组成和丰富形式，其根本目的就是通过活动对大学生思想进行影响和塑造，作为社会主义制度下的大学，其思想教育活动必须以马克思主义理论和中国特色社会主义理论为内容，教育和培养党和国家的建设者和接班人。二是在教育工作上发挥主导作用。在大学生主题活动中，作为组织者的教师对学生学习进行导向，引导学生对主题活动渗透的思想教育进行正确认识，以实现对学生进行思想政治教育的帮助和提高。教师在组织过程中，通过对主题教育活动教学目的、学生专业、认知水平、课程计划安排等进行掌握的基础上，合理选择主题活动类型，拟制具体计划、把控活动组织进程，并适时开展课后跟踪考核，指导并启发学生，增强其思想政治觉悟的自觉性。必要时，还应对学生的思想政治学习进行评价、纠正和规范，从而达到主题教育活动目的。

(二) 尊重主体性原则

大学生主题教育活动作为高校思想政治教育的重要途径和载体，必须充分尊重学生在活动中的主体地位，把关心人、尊重人、激励人、引导人和发展人作为根本目标放在第一位。尊重主体地位就是要从根本上改变政治教育填鸭式灌输，学生被动接受的现象。思想政治教育过程中，老师不再是灌输者，而是指导和引领者，学生不再是"受教"者，而是积极的参与者。尊重主体性原则，就是要把大学生当作独立的个体，相信学生、依靠学生，尊重大学生的意愿选择，创造出最有利于学生的参与条件，争取达到最佳的载体使用效果。以大学生的迫切需求为出发点，根据大学生的兴趣爱好，尊重大学生群体意愿、

---

① 何源. 高校思政主题教育活动模式的应用探讨 [J]. 长春教育学院学报，2013，29 (24)：70，72.

理解大学生的心理需求、关心大学生的内在需要、引导大学生主动学习、教育大学生全面发展，选择运用贴近大学生活、学生喜欢的载体方式。尊重主体性原则就是让大学生真切地认识到主题教育活动是在着力提高大学生素质水平、增强大学生科学文化本领、促进大学生立志成才，特别是在组织部分旨在解决大学生实际困惑和问题的活动中，拉近了政治教育与大学生的距离，使大学生切身感受到思想政治教育对自己的积极作用，从而更加正确地认识思想政治教育的重要性。

（三）倡导差异性原则

在运用大学生主题教育载体时，必须要结合大学生身心发展的具体特点和精神需求，单一的组织形式和固定的内容无法准确传递思想政治教育理念，起到良好的教育效果。一方面是大学生个体的差异性对主题教育活动的差异提出了要求。当前，大学生群体思维活跃，价值观念多元，使得大学生个体之间虽然在大的方面有着共通点，但是每个个体的具体情况并不相同。其中包括不同专业、不同民族、不同生长环境、不同家庭条件等，每个个体在思维体系、知识结构、价值追求、政治涵养等方面可能有着较大差异，统一内容和模式的主题教育活动只能实现部分效果，难以对大学生个体产生真正的冲击和影响。另一方面是信息爆炸时代下，大学生思想认知对主题活动差异性提出了需要。大学生学习能力强，认知速度快，很多新思想新观点在网络中流转，单一的主题教育活动模式在短时间内对其产生一定效果，但在快速掌握后会出现免疫状态，单一的主题教育活动无法对其进行再次深入的影响。因此，根据学生具体需求和实际情况，丰富的差异性的主题教育活动才能让学生更积极地参与并受到教育。

（四）坚持创新性原则

创新是发展的动力，是大学生思想政治教育主题活动适应时代需要的有效驱动。开展大学生主题教育活动要求其必须具有时效性、针对性和阶段性，因此只有不断创新发展才能保持其对大学生的吸引力和感染力。大学生作为高学历群体，学习能力普遍较强，了解、掌握新事物时间短、速度快，这对提高政治教育活动实效性带来有利因素的同时，也对活动标准和更新速度提出更高要求。虽然某一形式题材的活动在第一次开展或者短时间内会产生较强的效果，但是影响的持久力和后续的效果也是要考虑的因素。因此，为了适应时代和现实发展变化的要求，不断强化活动开展的效果和持久性，必须对大学生主题教育活动进行创新，在内容形式、组织方式、活动配合、配套保障上不断研究探索，发现新情况，解决新问题，实践总结出与大学生发展需求相适应的内容模式和制度机制。此外，培养发展一批大学生主题教育活动的基层组织骨干力量，强化队伍建设，研究长效运行机制，补充完善相关配套设施，持续增强大学生主题教育活动的吸引力、凝聚力和感染力。

第二节　主题教育活动在高校开展的现状及存在的问题

当代学生处于全球化、市场化、信息化、网络化的世界，时代的变化和大学生思想的新趋势不仅弱化了思想教育的效果，而且对各高校开展思想政治教育活动提出了新的要求。主题教育活动作为被实践证明有效的高校思想政治教育形式，各高校非常重视并积极开展各类主题教育活动，面对社会的变化，面对接受能力强、勇于创新、喜欢灵活多样的寓教于乐不同特性的学生，各高校有义务积极地分析问题和迎接挑战，整合各种思想，在多元中抓住核心，在动态中把握平衡。

一、主题教育活动开展的现状

（一）时代变化与大学生思想的新趋向

在全球化的背景下，我国的政治环境、市场经济、文化生活发生了巨大的变化，大学生的思想受到各种文化的冲击，西方的一些价值观和社会思潮向大学生渗透，侵蚀中国的主流意识形态。由于大学生还没有形成成熟的世界观和人生观，价值观越多元，各种价值观的冲突就会越激烈，大学生需要根据某种标准去做出判断、选择，找到自己的精神家园，这对高校思想政治教育工作提出了新的挑战，大学生需要丰富多彩的、具有说服力的、能体现鲜活价值标准的活动，使其成为他们精神家园的支点。

与此同时，在市场化的条件下，道德和信仰遭到人们的冷落，利益至上成为人们追逐的核心，享乐主义、个人主义、拜金主义把人引向对物质利益的片面追求，人们根据自己的物质利益判断理想信念的价值，根据社会的发达程度来选择自己的向往和归属地。大学生的思想在市场经济的冲击下也受到了功利主义的侵蚀。他们看重对技术的学习，却忽视理论知识；重视个人利益，却忽视集体利益和社会共同理想；以自我为中心，却忽视团队合作精神。各高校必须迎接挑战，发挥主题教育活动的作用，澄明大学生的心灵。

在如今网络发达的社会大背景下，以往传统教育中教师传授知识，学生接受知识的教师单向掌握教育过程的状态也悄然发生着变化。在新媒体的条件下，学生生活在海量的信息世界中，因其实时性、生动性、互动性、趣味性、开放性改变了教师单向教育的模式，学生获得信息的渠道发生了革命性的变化，思想产生了一定的变化。这些变化具体表现在：第一，教师话语权受到冲击，网络对自由、平等缺乏理性的宣扬，容易误导大学生对绝对自由、极端个人主义的追求。第二，海量的信息和互动模式丰富了学生的知识面，但这些海量知识真假难辨，有的缺乏道德规范，良莠不齐。第三，网络丰富了大学生的课余生活，但容易导致部分缺乏自制力的学生沉溺其中，丧失与人沟通的能力。网络新媒体是一个重要的思想政治教育阵地，各高校应采取大学生乐于接受的教育形式，引导他们合理利用网络。

（二）时代的变化对主题教育活动提出新要求

面对时代新变化，以课堂教学为主的传统思想政治教育理论课的内容和形式捉襟见肘，功能更显得苍白无力。2016 年 12 月，习近平总书记在全国高校思想政治工作会议上指出："思想政治工作从根本上说是做人的工作，必须围绕学生、关照学生、服务学生，不断提高学生思想文化、政治觉悟、道德品质、文化素养，让学生成为德才兼备、全面发展的人才。"全面加强高校思想政治工作的核心就是要构建思想政治工作的大格局，实现全员育人、全过程育人和全方位育人才。也就是说，学生是思想政治工作的核心，高校要将立德树人贯穿育人的全过程，强化实践育人、文化育人、管理育人、组织育人等全方位育人，以学生为出发点，整合资源，全面提高人才培养质量①。新时代要求主题教育活动在理念、内容、方法和机制等方面有所创新，有效的开展各类思想政治主题活动。

1. 时代的变化要求主题教育"以人为本"，突出学生的主体地位

主题教育的理念应该适应不断变化的新时代，新的教育理念应坚持"以人为本"，以学生为主体，从学生的实际出发，从学生的特点出发，摒弃教条主义，创造良好的、和谐的教育氛围，让学生在活动中学习，让学习应用于生活，从而形成一个良性的循环氛围。

2. 时代的变化要求主题教育的内容联系大学生实际，内容具有针对性

在高校思想政治教育工作中，主题教育的内容要紧密契合国内外背景，积极响应党和政府的政策号召，结合学校的具体需求、大学生的思想政治状况和群体特点。当代大学生都是"90 后"和"00 后"，普遍有个性张扬、乐于表现、心态开放、目标明确、敢于担当的特点。因此，高校在开展主题教育活动

---

① 刘琳. 习近平高校思想政治工作观探要 [J]. 现代教育科学, 2017 (9)：59-63.

时，要创新内容，利用他们喜欢的活动形式，开展主题教育活动，以此提高教育的针对性和实效性。

3. 时代变化要求主题教育的形式和方法灵活多样，工作具有实效性

"教育本身就是一棵树摇动另一棵树，一朵云推动另一朵云，一个灵魂唤醒另一个灵魂。如果一种教育未能触及人的灵魂，未能引起人的灵魂深处的变革，它就不成其为教育。"①"90 后"和"00 后"大多是充满活力和个性的青年人，他们对呆板教条以及过于政治化的思想政治教育非常排斥，因此，主题教育必须深入大学生的生活，并且能灵活地选择教育形式和方法。第一，具有国际视角，利用灵活的方式和方法，如讨论或辩论等学生容易接受的方式。第二，以培养道德为主，规范大学生的行为，提高大学生的道德素质。可通过小品、戏剧、社会实践等方式，使学生通过亲身体验，发现道德的重要性，乐于接受思想政治教育。第三，针对网络新媒体的现实情况，学校应注意的是在利用现代化信息技术进行主题教育时，不应只是对高科技手段的简单搬用，而是要与学校、教师、学生自身的发展教育实际相结合，通过微信、QQ 等网络交流平台，将活动延伸到网络世界中，从而真正了解大学生的想法，引导他们的思想和行为。

4. 时代变化要求主题教育的机制不断规范，工作具有主动性

时代变化打破了教育的封闭性，主题教育工作的机制必须应对这些变化，整合各种思想政治教育资源，打通各个渠道的关节，发挥思想政治主题教育的总体作用。辅导员是大学生日常思想政治教育工作的主要负责人，学校、主要职能部门（社团）是主题教育活动的策划者、组织者，他们应相互配合，在校园的大环境中营造一个良好的主题教育活动氛围。与此同时，主题教育活动应该协调社会资源，利用教育教学实验基地、爱国主义教育基地、社会实践平台开展主题教育活动。在协调各种资源时，主题教育活动必须实现制度化、规范化、科学化和系统化，规范和鼓励各种形式的活动开展。以发挥各自的优势，落实科学教育理念。此外，高校还应提高自身的主动性，变应激性、补救教育为前瞻性教育，把思想政治教育工作做到前面，防患于未然，充分发挥主题教育活动的功能。

二、主题教育活动存在的问题

（一）内容虽丰富多彩，但缺乏系统性

主题教育是一种系统化、全方位、多角度的教育模式，整个主题教育体系

---

① 金屏镐，孙英. 民族院校大学生思想政治教育工作机制创新研究 [M]. 北京：中央民族大学出版社，2010.

应当有长远的规划和近期计划，需要各高校从学生长远发展的角度考虑，科学规划主题教育方案。目前，我国高校主题教育内容缺乏系统性，随意性强，教育实施者和组织者的全局意识淡薄，对主题教育深化思考较少，仅侧重于单方面的教育，且在推进单方面主题教育时，缺乏系统性。

1. 开展单一主题教育活动，内容缺乏系统性

近几年，各高校开展内容丰富的主题活动，主要围绕重要的传统纪念日和重大时政活动组织主题教育活动。如结合党和国家重要会议、重大政治活动、重大突发事件等内容进行；结合春节、元宵节、植树节、清明节、端午节、重阳节、国庆节、中秋节等开展活动；结合中国革命的重要纪念日，如"五四"运动、"一二·九"运动等开展活动；与国际纪念日接轨，开展"三八"妇女节、"五一"劳动节等主题教育活动；挖掘各类重要纪念日文化内涵，结合学校实际和特色开展主题教育活动。以上活动仅仅是浅显地适应教育主题，不能由浅入深的进行强化，且具有一定的随意性和偶然性，不能贯穿于学校全年的思想政治教育中。

2. 单一群体主题教育内容缺乏系统性

从我国高校主题教育活动的推进情况来看，有越来越多的高校在按照团中央提出的"构建一体化分层教育"体系的构想开展工作。根据学校实际，按照学生各阶段的特点，分年级、分特点开展系统性的主题活动。如东北林业大学开展主题推进式教育活动，进行科学定位分年级主题教育、因材施教分类别主题教育、精心组建教育团队和周密规划主题实践活动。按照不同年级不同层次的学生开展主题教育，大一开展"大学导行教育""感恩诚信教育"，大二开展"文明修身"，大三开展"生态文明""责任担当""生涯规划教育"，大四开展"励志成才教育""爱校荣校主题活动"，根据大学四个年级的教育，可以更加系统的帮助学生成长、成才。

比如，东北林业大学采取因材施教方法，分层次、分类别开展"励志成才教育""生命价值教育""学习能力培训教育""就业技能活动""现身西藏教育""民族一家亲教育""艺术赏析教育""廉政文化教育"及"精英意识培养"等主题教育活动，为成绩优秀的贫困生、有心理问题的学生、学习能力差的学生、就业迷茫的学生、西部计划的学生、少数民族的学生、艺术特长生等特殊群体学生提供主题教育，培养其思想政治品质，提高学生的综合素质和思想境界。

从东北林业大学开展的主题教育活动来看，学校在进行上层设计过程中更多的是从学生的普遍规律入手，但对活动实施过程中具体的把控、效果缺乏监

督评估的情形来看，在某种程度上也可归纳为缺乏系统性。

3. 以生涯教育另辟蹊径，开展主题教育活动

各高校着眼于学生的发展，从成长、成才和成功三个方面，结合许多学生奋斗目标不明确，学习主动性、自觉性差的特性，找准与时代、学生需求相结合的主题，以职业生涯教育为突破口，帮助学生明确奋斗目标，发展学生个性、发挥学生才能，最终实现其职业理想①。

如北京工业大学围绕学生发展需求，构建"以成长为主线、以成才教育为主导、以成功教育为主旨"和"信仰、责任、创新"为核心的主题教育体系，推进高校德育工作创新。该校主题教育活动从生涯规划辅导入手，建立新生发展辅导课程体系和职业生涯规划辅导课程体系。新生发展辅导课程体系由新生入学教育、校规校纪教育和专业认知教育构成，职业生涯规划辅导课程体系由生涯发展辅导、就业指导、名家讲座构成，应根据不同年级学生的特点，设置针对性强的课程。

北京工业大学通过信仰认知教育塑造大学生理想信念、心理素质教育培养大学生的健全人格，通过各类实践活动培养学生社会责任感、以科技创新实践基地提升学生素质教育，以榜样示范作为人生价值的路标，以健康个性教育提高学生的心理、思想、态度、行为素质。在某种程度上说，以生涯教育为突破口，是近几年主题教育的新趋势，考虑到其课程开发的成熟度、需要配合的部门和人员较多，目前只能在思想政治教育过程中起补充的作用，因此也可视为缺乏系统性。

（二）活动方式有待改进，亟须拓展提高

1. 教育理念滞后，学生主体性意识缺乏

在实际进行主题教育活动过程中，受传统教育模式的影响，对同一主题，多采用统一的"灌输式"教育模式，单纯的课堂教授和经验讲座已无法激发学生的兴趣，特别是重大时政和突发事件等主题教育活动。

在组织主题教育活动时，部分主题教育活动为节省开支，往往采取最为简便的方式举行，没有考虑学生的切实感受，与学生的互动性较差，没有践行以学生为本、以学生为主的思想。以"校园内文化"主题教育为例，大一学生适合采用讲座、班会等宣传为主的活动方式加强其对学校的了解，但大四的学生若仍采取以主题班会为主的方式进行主题教育活动，则难以发挥活动效果。

---

① 张苹，王秀彦，高春娣. 以主题教育为载体 推进高校德育工作创新：北京工业大学主题教育的设计与实践 [J]. 思想教育研究，2008（8）：32-35.

2. 内容实效性把握不准，创新手段需加强

各高校、学院、社团在选择主题教育内容时对内容的实效性把握不准，这就很难激发学生的认同感。此外，活动方式多沿用以前的模式，以 3 月学雷锋为例，各社团、学生会、团委纷纷走进社区、街道、养老助残中心进行义务服务，活动形式不约而同地集中表现在打扫卫生、讲课、文艺表演等，主题教育仍局限在原有的内涵层面，对活动形式没有更好的创新，与大多数学生现在更倾向的网络方式有差距。网络主题教育方式是一个可以发展的新模式，主题教育活动要保持长效的发展，就必须坚持与时俱进，丰富内容，创新方式方法，找出最为有效的思政之路。

3. 活动平台单一，方式缺乏创新

主题教育活动不仅需要在内容上进行发展创新，也需要在实践平台、具体的方式方法上积极创新。网络新媒体已成为大学生主动获取信息和交友的重要平台。学生通过网络发布帖子，表达自己的看法和情绪。面对新形势，高校应加强自身教育手段，建立主题教育网络平台，完善网络教育机制，将主题教育活动的多样性和灵活性等突出特点运用得淋漓尽致。

比如，自 2009 年起在上海外国语大学等四所大学试点的"易班"，"易班"是为高校师生免费提供教育教学、生活服务、文化娱乐的综合性公益网站。"易班"搭建了学校、班级、辅导员三级思想教育平台，是一种方便开展各种活动的途径，可在全国近百所高校运行，实现主题教育活动多媒体、多互动、多途径的开展。

（三）保障措施不足，亟须健全评估反馈机制

主题教育活动采取在党委的统一领导下，由校、院两级统一安排、分层实施的模式，以班级为点，以社会为依托拓展主题教育活动平台。任何主题教育活动都需要相应的支持和保障，需要学校和社会的大力支持，教育经费、场地、设施、师资力量等任何一环出现问题都可能使主题教育活动难以顺利进行，严重的甚至影响主题教育的效果。

以东北林业大学主题教育推进活动为例，各年级主题教育班会的开展主要由各辅导员落地完成。受资源的限制，辅导员在组织开展主题教育活动时，主要是在教室采取集中宣讲的方式完成，这严重影响了主题教育效果。

1. 主题教育师资队伍良莠不齐

主题教育活动的组织开展不能仅依靠学工部、辅导员包揽完成，需要各部门密切配合，以增强感召力和渗透力。要使主题教育活动有序发展，就必须有一支专业化的高素质队伍。师资队伍的水平也将决定主题教育水平。当前，我

国主题教育师资力量不够，多数高校由学工部、团委牵头，从事思想政治教育和管理的相关人员负责，但从事具体工作的人员并没有参加过专业的大学生主题教育活动系列培训，不具有完备的知识，只能从自身角度和特长去开展主题教育活动，导致从主题内容的选择、活动流程的设计、具体实施过程、活动总结等环节都欠科学。

2. 主题教育物力和财力保障欠缺

目前国家各级政府教育部门出台的主题教育纲领性文件较少，主题教育模式现仍处于探索阶段，还未形成一套完整的科学知识理论体系，因此主题教育要顺利的达到预期效果还需要物力和财力的保障，确保活动在实施过程中无后顾之忧。在实际的主题教育活动中，因缺少资金和场地支持，活动形式单一，活动效果差的情况比比皆是。

3. 主题教育效果评估观念落后

效果评估在一个完整的主题教育活动不可缺少。效果评估不仅可检测从活动策划到具体实施的各环节出现的问题，还可以为以后的活动开展提供指导和借鉴。当前，主题教育的针对性和实效性亟须增强，如可进行模拟扮演、咨询答疑、节日纪念、现场体验、专题报告、经验交流、才能展示、专题辩论、娱乐表演等主题教育活动形式的设置，此外，主题教育活动前、活动中、活动后对效果的评估环节的不完善甚至是缺失都将阻碍主题教育活动长期有效开展。

第三节　高校开展主题教育活动典型案例及创新策略

一、高校开展主题教育活动的典型案例

（一）文明修身主题教育活动

近几年，各高校掀起开展"文明修身"主题教育活动，这与习近平总书记 2016 年 12 月在全国高校思想政治工作会议上强调"要更加注重以文化育人，广泛开展文明校园创建"、中共中央办公厅印发的《关于培育和践行社会主义核心价值观的意见》要求相符合，是高校践行社会主义核心价值观的关键。

2010 年 6 月，上海建桥学院独立设置"文明修身"零学分通识教育必修实践课程，课程以清洁校园学习、生活环境为主要内容，要求学生参加一个学期的劳动，周一至周五每天劳动 30 分钟，引导学生从身边事、具体事做起，提升学生思想，转变学生的行为方式。2012 年 5 月，江苏师范大学开展以

"修身明礼树形象，砥砺品行展风采"为主题的大学生文明修身工程，号召学生科学使用网络、遵守校规校纪、争创文明宿舍、安全文明离校。2013 年 11 月，广西师范大学通过主题班会、学生干部座谈会、文明修身主题团日活动开展"大学生文明修身"系列主题活动。2015 年 3 月，聊城大学开展以宿舍、教室、餐厅、图书馆、校园五大区域文明行为建设为重点的大学生基础文明修身活动，注重对学生的思想引领和行为示范。2016 年 3 月，同济大学浙江学院制定"文明修身专题"活动 42 项，以"月月有专题、班班有主题、人人齐修身"的方式，引导在校学子认真学习、文明生活，积极参与社会公益活动，树立起清新蓬勃的当代大学生形象。2016 年 5 月，兰州财经大学开展"大学生文明修身行动"，以《"学生文明修身行动"倡议书》引导学生自觉培育社会主义核心价值观。2017 年 4 月，重庆科技学院开展"大学生文明修身行动"，以"文明重科人，修身齐行动"为主题，以教室文明、公寓文明、校园文明为重点，积极培育和践行社会主义核心价值观。

各高校积极响应习近平总书记在全国高校思想政治工作会议精神，将加强大学生文明修身教育作为高校立德树人的一项重要工作，这同时也是大学生践行社会主义核心价值观的有效路径。下面，笔者以重庆工商大学 2012 年至今开展文明修身系列主题教育活动成果为例进行分析，以期拓展高校开展主题教育活动思路，实现互促共享。

1. 文明修身主题内涵

现代汉语中的"文明"指一种社会进步状态，与"野蛮"一词相对立。毛泽东在《新民主主义论》中谈及新中国的目标时提出，要把我国建设成"文明先进的中国"。党的十二大报告明确把"文明"写入国家发展目标。邓小平在《建设社会主义的物质文明和精神文明》中也提到，要建设社会主义的精神文明。党的十七大提出以社会主义荣辱观和《公民道德建设实施纲要》的各项要求培养"四个新一代"。党的十八大提出富强、民主、文明等二十四字的社会主义核心价值观，形成"物质文明、政治文明、精神文明、社会文明、生态文明"五位一体格局。可见，"文明"是中国人始终崇尚的精神价值。

2012 年 4 月，重庆工商大学（以下简称"该校"）贯彻"以人为本"的教育理念，增强大学生思想政治教育的实效性、针对性，开展以"修德、明礼、爱校"为主题，以"文明工商人，修身齐行动"为口号的主题教育活动，旨在促使大学生养成良好的行为习惯，提高大学生的人文素质和文明修养，建设和谐的校园文化。

2. 文明修身工作目标

该校通过开展文明修身主题活动，引导大学生自觉加强思想政治建设，丰富内在人文素养，规范外在言行举止，主动在日常的学习和生活中逐步实现"八个文明"，即学习文明、就餐文明、起居文明、言语文明、着装文明、乘车文明、举止文明和上网文明，以实际行动积极投身文明和谐校园文化建设，展示大学生良好的风貌。

3. 文明修身活动亮点

该校文明修身主题教育活动开展以来成果显著，持续开展各类校级文明修身活动约60余项，据不完全统计参加人数逾120 000人次。内容涉及文明督察岗、文明修身专项调研、宜居公寓系列、阳光心理系列、光盘行动、英语自修、读书交流会、考风考纪教育、诚信教育等方面，受到全校师生的一致好评。该校为确保能持续开展主题活动，在活动筹备、活动过程把控、活动效果反馈三个环节中严要求、严把控。

（1）校、院两级，重视力度大。

该校为加强对文明修身主题教育活动的组织领导和落实，确保活动取得成效，主要做了以下工作。首先，该校成立了重庆工商大学大学生文明修身主题教育活动校、院级领导小组，校领导小组由分管学生工作校领导（任组长），学工部、研工部、校团委主要负责人（任副组长），宣传部、教务处、后勤处、保卫处、数字中心、招就处等部门负责人，以及各学院分管领导组成。其次，校级领导小组应利用各种部门会议进行专题研究和工作部署，从人力、物力、财力、活动场地等方面给予最大的支持，确保文明修身主题教育活动效果最大化。再次，各学院成立院级领导小组，在学校主题教育活动实施总方案的基础上，制订完善的实施方案和计划，确保工作的制度化、常态化。最后，学校党政领导亲力亲为，如学校党委书记、校长、分管学生工作副书记先后参加主题活动30余次，对活动进行指导、把控。

（2）立足长远，有机制保障。

学校党政出台政策，结合学校转型升位，在每年度对主题活动开展情况、特色教育及效果等进行阶段性总结，召开经验交流会，挖掘典型、树立榜样，评选先进集体和个人，利用渠道进行宣传展示，巩固教育成果，以确保主题活动形成长效机制。此外，学校党政连续两年将推行文明修身主题教育活动作为大学生思政教育的重要内容列入党政工作要点中。

（3）科学规划，内容有系统性。

主题教育活动的顺利推进和发展，需将其分层次、分阶段、有步骤、有目的地纳入内容体系中。首先，该校文明修身主题教育活动通过前期关于对全校学生"文明修身"的意见调研，结合调研结果和学校现状，设立4月宣传动员、5月至10月组织实施、11月年度表彰与展示主题内容三个环节，帮助学生养成学习日常生活"八个文明"的习惯，开展诚信考试、阳光心理、宜居公寓、文明离校、文明修身读书会等活动，引导大学生自觉加强基础文明，丰富内在人文素养，规范外在言行举止。各二级学院在文明修身实施总方案中，积极开展形式多样的主题活动，如寝室美化比赛、主题征文、礼仪讲座、主题交流会、主题摄影摄像、戏剧节、讲故事等，与学校活动形成呼应。

其次，学校积极发动各大组织的学生群体，通过大学生自治委员会、校学生会、学院学生会、党员服务站、学生社团、支部、班级将活动选宣传到位，通过教室、寝室、图书馆、食堂、活动场地等，设立监督岗、成立互助小组，确保每位在校学生都能积极参加活动，使活动入心入脑。

最后，该校建设了文明修身网站，并于2013年进行改版，新增"要闻""国学赏析""礼仪学堂"等板块。此外，还面向全校征文，并将其发表在"理论时评"和"文明聚焦"板块，以此调动各部门、学院的积极性。该校每年年底召开主题经验交流会，评选出先进集体和个人，并将评比结果和学院、个人的年度考核挂钩，以此确保长效机制顺利进行。

4. 文明修身活动效果

（1）五大品牌成效显著。

自2012年4月以来，该校围绕文明修身主题开展丰富多彩的教育活动，形成增强集体荣誉感的佩戴校徽行动、文明就餐行动，合理消费的光盘行动、诚信做人的免监考考试行动等。同时设立"树立健康心理状态的'5·25'心理健康活动月"、打造"宜居公寓"公寓文化新品牌建设等五个主要品牌，学校共组织与此相关的校级活动10余次。

以"5·25"阳光心理品牌活动为例，该校每年5月举办系列活动，内容包括知识讲座、专题电影展播、主题征文大赛、心理外场调研活动、亲情两地书、健康知识巡展、主题戏剧节等，包含主题32个，历时一个月，累计上万名学生参与。在活动中，学生参与积极性高，活动互动性强，文明修身的理念深入渗透到校园的各个角落，获得广大师生的赞同。通过开展这些活动，引导学生树立健康的心理状态和积极的人生追求，传播心理健康知识和大学生活的正能量。

（2）形成"八个文明"公约。

该校在前期进行1 000份文明修身调研，统计、整理出学生在校园最反感的行为和因素后，逐步形成"八个文明"公约，促使学生养成良好的行为习惯，全面提高大学生的综合素质。"八个文明"公约的具体内容如下：

重庆工商大学"八个文明"公约

1. 学习文明：（1）自觉遵守课堂、图书馆、实验室秩序，上课、自习不大声喧哗；（2）学习区域内不吃食物，谢绝课桌文化；（3）主动向教师问候致意、让座、擦黑板。

2. 就餐文明：（1）主动排队打饭，不争抢座位；（2）不浪费食物；（3）安静就餐，不大声喧哗。

3. 起居文明：（1）维护寝室清洁卫生，不乱抛垃圾；（2）按时作息，不影响他人学习、休息；（3）不违规使用电器。

4. 言语文明：（1）使用文明礼貌用语，不说粗话、脏话；（2）主动向老师、同学问好；（3）公共场所不大声喧哗。

5. 着装文明：（1）服装整洁大方、得体；（2）进入教学楼、图书馆等学习场合不穿拖鞋和吊带背心等过于暴露的着装；（3）在校园内和外出集体组织活动中佩戴校徽。

6. 乘车文明：（1）自觉排队上下车；（2）不争抢座位；（3）主动为老师、长辈、小孩、孕妇和残疾人及确需帮助的人让座。（负责部门：校团委、后勤处、保卫处）

7. 举止文明：（1）公共场合行为得体；（2）不随地吐痰，不乱扔垃圾；（3）如厕后冲水。

8. 上网文明：（1）按需上网，不沉迷网络；（2）文明上网，不发、转错误和不适宜信息。（3）健康上网，不登录违法和不文明网站。

（3）活动受到媒体大量的报道。

据统计，新华网、重庆晨报、华龙网等媒体对该校文明修身工作进行报道，发布该校有关文明修身新闻稿件百余次。仅以 2012 年为例，宣传平台共发布有关文明修身的新闻稿件 40 余份，相关文件 14 份，公开宣传 21 次，内容涉及文明督察岗、文明修身专项调研、宜居公寓系列、阳光心理系列、光盘行动、英语自修、读书交流会、考风考纪教育、诚信教育等，极大地向我校师生展示了文明修身工程的进度和效果。

此外，百度文库、豆丁网、道客巴巴等网站主动收录该校大学生文明修身行动实施方案。该校在各校区组织了阶段性成果展，展出图文资料、原创的优秀论文摘录和艺术创作。近年来，该校文明修身工作成效显著，学生文明意识明显增强，校园不文明现象越来越少，文明修身工作在该校的后续调查中获得了师生的广泛好评。

（二）艺术文化节主题教育活动

教育部原部长袁贵仁曾指出："文化是一所大学赖以生存发展的重要的根基血脉。"① 高校校园文化建设不仅是高校教育质量工程的重要组成部分。也是学生第二课堂建设的重要课题。高校校园是高校文化的主要载体，高校校园文化机制也是建设高校文化的重要途径，是高校不可或缺的重要组成部分。许多高校开展校园文化艺术节，使学生实现陶冶情操、展示自我、发展自我的教育目的，可以说，校园文化艺术节已经成为许多高校的重要文化活动之一。下面，笔者以重庆工商大学大学生艺术文化节活动为例，就如何提升高校艺术文化节的育人效应展开探讨。

1. 艺术文化节主题内涵

艺术文化是指从文化学的角度对人类的艺术活动进行审视而产生的概念②。艺术文化的内涵不仅是演出、语言，还是以艺术形式、符号、意向等表现人类的思想观念、价值去向、情感态度、生活方式等文化理念；在功能上，还对启迪思想、温润心灵、陶冶人格具有不可替代的作用。高校不仅承担着文化传承和发展的任务，还肩负着利用文化教育人、培养人的重任。

重庆工商大学（以下简称"该校"）自 2012 年 4 月起，由校团委每年组织开展大学生艺术文化节，大学生艺术文化节由"歌手大赛""舞蹈大赛""主持人大赛""器乐大赛""戏剧大赛""新年音乐会""新儒商精神"七项子活动组成，并增设开幕式、闭幕式，活动周期为 1 年，活动参与覆盖所有学院，充分培养学生兴趣，锻炼创造力，培养团队精神，增强学院集体荣誉感。

2. 艺术文化节的工作目标

习近平总书记多次强调："培育和弘扬社会主义核心价值观必须立足中华优秀传统文化。"《中共中央国务院关于进一步加强和改进大学生思想政治教育的意见》明确要求，在新时期大学生思想政治教育中要充分发挥中华民族优秀传统文化的作用。高校艺术文化节既要体现主旋律，又要倡导多样化；既要规范引导，又要注重学生的个性发展。

该校艺术文化节，结合学校办学特色和发展定位，打造精品活动，对丰富

---

① 王世斌."三生教育"是落实素质教育的切入点 [J]. 云南教育. 视界，2008（5）：26-30.

② 孙振华. 从"阳光广场"到"后现代"：公共艺术的来龙去脉 [J]. 雕塑，2003（1）：24-26.

校园文化生活，加强学校精神文明建设，营造积极向上、健康文明的第二课堂氛围起到了积极作用，充分展示了该校师生团结创新、蓬勃向上的精神风貌；对挖掘优秀人才，充实学校各艺术社团后备力量，构建内涵丰富的高校校园文化具有重要作用。

3. 艺术文化节的工作亮点

该校艺术文化节开展以来，每年参与活动的师生1万余人次，学生积极性高，在师生中口碑好。2012年，该校在歌手大赛、舞蹈大赛、主持人大赛的基础上，根据对师生的调研结果，结合学校办学方向和发展目标，新增设"器乐大赛""戏剧大赛""新儒商精神活动"和"新年师生音乐会"，将校园文化活动与学校专业课程结合起来，使艺术文化节更好地服务于专业课程。

（1）兼顾"品质"和"多元"的平衡。

该校是一所经、管、文、工、法、理、艺等学科协调发展的具有鲜明财经特色的多学科大学。在有效资源的情况下，该校由校团委主办，各学院自主申报、承办，学校党政领导、职能部门、各学院负责人积极参加，艺术文化节增设开幕式、闭幕式，并通过海选、初赛、决赛三个环节保障节目质量，以正确处理艺术文化节节目的品质和数量之间的关系。

该校不追求活动数量，全力打造艺术文化节七项子活动，保障学校正常的教学活动，注重活动品质与多元化的平衡，把握娱乐性和教育性之间的关系。学校在保障开展七项精品子活动的同时，充分调动二级团组织、社团自主开展活动，满足学生多样性、多元化、全方位的文化需求。

（2）兼备传承和创新的原则。

校园文化艺术必须以弘扬社会主义核心价值观为核心，优秀文化不仅需要传承还需要创新。在传承方面，既要挖掘本校的优势资源，让校园文化融入艺术文化节精神中，还要创新艺术文化节的主题和开展方式，使艺术文化节不断有新活力，打造精品活动。

该校在文学与新闻学院开展十余年的戏剧文化节的基础上，将其提升为校级艺术文化节戏剧大赛。这一比赛提供了校级活动平台，对戏剧大赛的内容、类别依据时代的发展不断充实，由最初的小品、历史剧、文学剧扩展到短剧、戏曲、音乐剧、歌舞剧、诙谐剧、默剧等，由学生自主编排到邀请市内专业人士进行专业指导，使学生在参与活动的实际过程中，真正达到吸收优秀文化、陶冶人格的目的。

（3）培育"新儒商精神"，打造校园特色品牌艺术节。

立德树人是大学的立身之本，是对人才培养的根本要求。作为一所具有鲜明财经特色的多学科大学，文化艺术节的品牌必须具有学校特色文化标识，该校培育具有强烈社会责任感和家国情怀的"新儒商"人才，就是立德树人的具体体现，是社会主义核心价值观的具体体现。儒商精神在该校的办学历史中传承已久，形成了"含弘自强、经邦济民"的大学精神。

该校以艺术文化节平台为契机，深入推动"新儒商精神"与思想政治教育的深度融合，通过开展"新儒商精神"美文诵读大赛、"新儒商精神"征文比赛、"新儒商"演讲比赛、"新儒商"沙龙、"新儒商"优秀校友系列讲座等品牌活动，积极探索了通过艺术文化节培育具有"新儒商精神"的人才培养改革以形成特色。

4. 艺术文化节活动效果

（1）满足校园文化需求，营造了良好的育人氛围。

该校艺术文化节结合自身实际，举办形式新颖、内容丰富的活动，满足学生的文化需求，活动的组织和开展充分利用学生自我组织、自我管理的能力，将学生的个人发展和学校的思想政治教育培养结合起来，充分发挥学生的主体性，使学生成为各项活动的组织者、参与者和受益者。在丰富的活动中，培养学生的艺术鉴赏力，陶冶学生的情操，提升学生的人文修养，培养学生向上的审美需求和兴趣爱好，促进学生和谐发展，最终形成了独具特色的校园文化氛围，推动了校园文化和谐发展。

（2）高雅艺术进校园，精品活动成绩突出。

经学校艺术文化节各项子活动的精心打造，学校每年选送优秀节目参加国家级、省市级大学生艺术展演并纷纷获奖。该校荣获全国第四届大学生艺术展演舞蹈一等奖、器乐二等奖、声乐二等奖的好成绩；2017 年，学校选送小合唱《甲木萨》（译：文成公主）、民乐小合奏《春江花月夜》参加重庆市第五届大学生艺术展演荣获第一，并被重庆市教委选送参加第五届大学生艺术展演全国赛的角逐。

此外，该校自 2011 年起，每年举行师生新年音乐会，师生同台致敬经典，持续推进校园艺术文化的繁荣，活跃校园文化氛围；主动搭建平台，引进高雅艺术进校园，如邀请著名表演艺术家六小龄童先生来校讲学，邀请重庆芭蕾舞团、中国歌剧舞剧院以及重庆市京剧团来校公演等，积极整合校内外资源，广泛争取社会的支持，以特色艺术文化作品育人，通过通俗易懂、易于接受的方式，赋予思想政治教育新形式，激发学生的认知兴趣，推动文化育人功能的发挥。

（3）升华"新儒商精神"，深化人才培养模式。

"新儒商"通常是指秉承儒家传统美德，具有全球化视野和现代化管理意识的商人，也是该校人才培养的精神文化塑造方向。该校通过"新儒商"系列主题活动，让学生在"感恩真情""感知社会"中自我提升，促进社会主义核心价值观与"新儒商精神"培育的深度融合，着力培育"经邦济民"的高素质人才。

首先，通过某一主题系列活动的培育，顺利推进这项教育的发展。如，该校探索为学生建立"诚信档案"，开展诚信教育。会计学院自 2000 年起，连续18 年实现"会计不做假账从考试不作弊开始"免监考试点。其次，实施通识教育，构建第二课堂体系。2011 年设立通识学院，探索构建通识教育体系，开展"通识博雅"系列第二课堂活动，引导学生成长为一个内有人文情怀和科学艺术修养，外能兼济天下、经邦济世的全面发展的人。最后，开设"新儒商"文化教育系列特色课程。该校从学生入学教育开始，就开设"专业导读课"，如"国学经典选读""孙子兵法与团队管理"等体现"新儒商精神"的模块化课程导入"新儒商精神"。该校围绕具有鲜明财经特色的办学定位，积极探索了培育具有"新儒商精神"的人才培养改革，已形成一定的特色。

（三）"36182"素质拓展工程

素质是指通过后天经受教育培训所获得的知识以进一步内化形成的相对稳定的心理品质，即对人们通常所提到的如何"做人"的问题的回答①。高校人才培养目标是培养具有思想道德素质、科学文化素质、创新能力素质和健康心理素质的综合性人才，素质教育的实质是坚持"以学生为本"的教育理念，以学生为主体，整合各类教育资源，搭建活动平台，在遵循教育规律的同时，依靠第二课堂培养社会所需要的综合性人才。现以重庆工商大学（以下简称该校）自 2003 年起开展的"36182"素质拓展工程为例，来分析该校特色的素质教育模式。

1."36182"素质拓展工程的主题

2003 年，该校探索新形势下提高思想道德素质的活动新载体，积极探索大学生思想政治教育的新模式，提倡学生从进入大学开始开展"36182"系统工程。"36182"的具体内容为："3"——写 3 万字的日记；"6"——读 60 部中外名著；"1"——公开发表 1 篇文章或作品；"8"——参加 8 次有重要意

---

① 雷西合，杜永峰. 基于高校大学生素质拓展的理性思考 [J]. 陕西广播电视大学学报，2011，13（3）：70-73，90.

义的社会实践活动；"2"——做好2次独立的策划。该校以此培养大学生勤奋学习、积极开拓、勇于创新的精神，促成学生成为面向世界、面向现代化、面向未来的高品位、高素质人才。

2. "36182"素质拓展工程的工作目标

"36182"素质拓展工程是服务学生成长成才的重要途径。从"36182"素质拓展工程的实质上讲，是该校学生完成大学阶段第二课堂学习的求学指南，也是学校为满足广大学生成长成才需要探索出的工作方式和途径。"36182"素质拓展工程通过大力倡导学生多读书、读好书、勤练笔、重实践、懂管理、善策划，让学生不仅拥有专业知识，还具备丰富的人文素质；不仅掌握书本知识，还具备实践能力。

3. "36182"素质拓展工程的亮点

（1）由试点到推广，确保活动持续开展。

"36182"素质拓展工程是提高大学生综合素质的一项新的探索，具有周期长、环节多、范围广的特点，没有现成的经验和模式可循。为使该项工程真正切实有效地提高大学生综合素质，探索出符合学生特点的运行管理模式，该校在认真研究后，采取先自主申报试点、组织专家论证，论证通过后再在全校推广的方案进行。

具体的实施方法是各学院自主申请试点，提交具体的实施方案，由专家对方案进行论证，选择合适的院（系）、年级、班级进行试点，试点结束后，学校将试点方法、效果进行论证总结，逐步形成较为成熟有效的运行模式，在全校范围内推广实施。根据"自愿参与、自主申报、学院评定、学校表彰"的原则，该校每年都会对"36182"系统工程进行经验交流和总结，对学习过程中涌现出来的先进集体和个人进行表彰，树立典型、总结经验，推动"36182"系统工程的持续发展。

（2）突出思想性，加强学生内化思想政治教育个性教育。

"36182"素质拓展工程，与学生的学习和成长特点相结合，以培养和引导学生兴趣和能力为主线，让学生通过读书、思考、实践等环节，将良好的思想道德修养内化为个性品质。该工程的一项重要内容是读书，该校按照政治、思想政治教育、文化文学三类推荐了60部名著，学校还编印了2 000册《60部名著介绍》，将作品的主要内容、历史背景、意义高度浓缩，使学生对其思想性、艺术性、学术性方面有初步的认识，然后根据自己的专业和兴趣爱好等实际情况，选择不同著作来制订自己的读书计划。

从思想政治教育的角度看，该校推荐的名著如《共产党宣言》《毛泽东选集》《邓小平文选》《社会契约论》等，是属于在深层次上、核心层次上对学生进行引导；如《论语》《史记》《飞鸟集》《复活》等，是属于从中间层次上对学生进行引导；如《中国近百年学术史》《科学史》《物种起源》等，是属于从外围层次上对学生进行熏陶、引导。通过阅读，既能培养学生持之以恒的心性，又能在学生头脑中完成思想政治教育的内化过程。

（3）以实质认证为导向，增加素质拓展工程吸引力。

该校经过四年的探索，按照学校、学院、班级三个层次围绕该工程涉及的拓展内容设计学生活动，为学生交流、参与该工程提供平台。学校建立纸质认证与电子认证相结合的认证方式，建立"36182"素质拓展工程数据库，实行班级、学院、学校三级录入、审批、管理权限；建立"36182"素质拓展工程网，并在网页上既开辟相关新闻报道、工作布置，也提供在线阅读、好书推荐、作品发表园地等，丰富学生参与该工程的途径和方式。

此外，"36182"素质拓展工程实行学期认证制，每学期结束后，由学生自己提出纸质认证申请，经班级、学院审核后，上报学校认证领导小组，由学校认证后返回班级，进行数据录入，作为学生参与该工程的电子档案，并在学生毕业年度的上学期，进行在校期间的总认证，推荐给用人单位。

4."36182"素质拓展工程活动效果

"36182"素质拓展工程开展已有18年，全校共计18届学生参与素质拓展工程，有10届学生将素质拓展工程贯穿在大学学习和生活的全过程，活动效果具体如下：

（1）全员全程覆盖，增强第二课堂思政教育实效性。

"36182"素质拓展工程以认证为导向，覆盖大学生整个大学期间的学习、生活、实践等各个环节，涵盖从大学入学到毕业全过程，实现了第二课堂思想政治教育的全员化和全过程，学校以"36182"素质拓展工程为契机，开展专项活动，学生参与度高、反响好。

该校每周四晚上举办"知识的魅力"系列人文讲座，邀请张宝均副教授主讲《邓小平的改革开放思想》、钱晓东老师主讲《深邃的激情——重读〈共产党宣言〉的感想》、熊笃教授主讲《〈三国演义〉悲剧论》、薛新力教授主讲《〈红楼梦〉漫谈》、苏敏教授主讲《〈荷马史诗〉之〈伊利亚特〉赏析》、赵新林教授主讲《〈哈姆雷物〉的人物性格分析》、钟维克副教授主讲《〈庄子〉与道家哲学》、康清莲副教授主讲《史记——寻找生命的尊严》、林心治副教授主讲《唐诗的艺术魅力》、段庸生副教授主讲《〈儒林外史〉与儒林忧患》等；通过该校组织开展的"36182"素质拓展主题社会实践系列活动，以及传送经典、亲身社会实践、撰写心得体会等，学生在受教育过程中，增强了人文素质和实践能力，起到了明显的教育效果。

（2）丰富校园文化，助推校园活动多样化发展。

该校自 2004 年，主要围绕学校推荐的阅读书目，在《工商大学青年》开设专栏，在学生中广泛征集读书心得，以学生阅读古今中外各大名著撰写的读书心得分类遴选出 160 余篇优秀文章，近 30 万字，学校编印出版《读书感悟录精选》，培养和提高学生在独立分析、价值评判、艺术理解、文学创作方面的素养。

学校大力扶持学生成立文学类、实践类、策划类、戏剧类、演讲类等主题相关的社团，各社团开展形式多样、内容丰富的主题实践活动，在某种程度上，对活跃和丰富校园文化起到了积极的作用。仅以 2005 年为例，全校新增社团 34 个，学生共计 1 523 人，开展主题活动 83 项，学校连续 3 年推送话剧参加重庆市大学生戏剧节荣获"优秀表演奖""优秀剧目奖"等荣誉。

（3）各级联动，创新第二课堂思政教育新载体。

"大学生素质拓展计划旨在全面贯彻党的教育方针，以培养大学生的思想政治素质为核心，以培养创新精神和实践能力为重点，提高大学生的人文素质和科学素质，造就有思想、有道德、有文化、有记录，德智体美等全面发展的社会主义事业建设者和接班人。"① "36182"素质拓展工程是重庆工商大学全面提高大学生文化素养和艺术品位的新途径，是创新第二课堂思想政治教育新载体持续探索、论证、推广的成果，从内容设计、可操作性、可持续性、建立长效机制等方面进行了积极的探索。

首先，"36182"素质拓展工程在组织上创新。学校成立两级领导小组，校级领导小组由分管学生工作的校领导担任组长，校团委书记、副书记担任副组长，各院系团总支书记组成小组成员，领导小组办公室设在校团委。各院（系）成立了由党、团总支书记牵头的工作小组。机构完善、人员到位，为"36182"素质拓展工程的全面推进和顺利实施打下了坚实的基础。其次，内容系统化、规范化、制度化。该工程要求学生在大学期间完成 3 万字的日记，读 60 部中外名著，公开发表 1 篇文章或作品，参加 8 次有重要意义的社会实践活动，做好 2 次独立的策划等内容，包括了学生素质教育的全部内容，学生也可根据自己的实际需要选择适合的学期活动，创新活动的内容。最后，素质

---

① 张绍荣，敬菊华. 大学生素质拓展计划与高校共青团工作的创新 [J]. 陕西青年职业学院学报，2007（1）：18-19，26.

拓展工程以文化活动为主要载体，注重校园软环境建设，积极营造浓郁的校园人文氛围，注重对学生性情的陶冶、气质的塑造，不断引导大学生提升人格、气质、修养等品质，这也是推进行学校优良学风形成的新举措，是大学生将来适应社会、持续发展、开拓创新的原动力，具有突出的针对性和鲜明的时代性。

二、主题教育活动在高校思想政治教育优化运用中的创新策略

（一）积极转变教育观念

教育观念是影响和决定教育开展的前提，要创新主题教育活动必须从教育观念上进行转变。新的时代造就新的时势，培育出新的学生群体，赋予政治教育工作新任务。在坚持高校教书育人，立德树人的宗旨下更要积极适应时代要求。一是更加尊重和突出学生主体地位。改变教育工作中老师灌输，学生被动"受教"的角色模式，把安排要求转变为引导参与，把"让学生学"转变为"学生自主学"。二是更加包容开放。高校作为思想政治工作主阵地，是学习和宣扬马克思主义的重要场所，但为了拓展大学生视野，使其积极学习各学科的知识，还要丰富教育内容体系，倡导大学生积极思考，让他们在思想的碰撞中迸发智慧的火花。三是要坚持发展创新的观点。马克思主义哲学指出，事物是发展运动的。大学生思想政治工作也一样，面对时代的发展变化，思想政治工作的开展必须坚持发展的观念，不断创新工作方法，探索工作实践，更好地发挥思想政治工作作用。

（二）丰富创新教育活动内容

主题教育内容是主题教育活动的重要组成部分，内容创新是主题教育活动创新的基础。不同阶段的国情、社情都不一样，因此主题教育活动在内容选择上就必须紧贴实际。当前大学生群体主要以"00后"为主体，他们的家庭条件和所处的社会环境较"80后""90后"更加优渥，而且当前社会价值观念也发生深刻变革，因此，在开展主题教育活动时就必须引入新的内容，如人文知识、社会科技等方面知识，大力组织开展社会实践、扶贫帮建、下乡支教等社会活动，组织开展计算机建模、机器人设计、歌舞晚会、讨论辩论等拓展大学生能力素质的活动，组织开展职业生涯设计、就业咨询、面试培训等人生规划类活动，引导大学生主动参与，在寓教于乐的大学生主题教育活动中实现思想政治教育的目的。

（三）创新拓展主题教育活动方法

创新拓展主题教育活动方法是创新主题教育活动的关键，通过创新活动组

织方法，极大提高主题教育活动开展的效果。虽然主题教育活动自探索实践以来时间不短，但是方法仍比较保守。思想政治工作依然是以"理论宣讲为主，自身体验为辅"的教育方式，没有充分发挥学生体验感悟的优点。这就要求我们在开展主题教育活动时在继承中求创新，在创新中求发展，使主题活动载体的形式充满活力和吸引力。因此，必须统筹学校、家庭、社会资源，充分发挥科学技术发展带来的优势，并将其运用到主题教育活动中去。将网络、广播、电视媒体媒介，电脑、手机、平板、移动显示屏等电子终端引入活动，让活动内容呈现得更加直观生动，让活动的参与性、互动性更强，让思想政治教育的感染力更大，影响更加深远，从而促进主题教育活动在效果上得到质的提升。

(四) 创新完善主题活动机制

机制是确保主题教育活动开展运行常态化的根本保证，要抓好主题教育活动开展，必须建立完善的制度，加强对主题活动开展的支持保障、运行管控，以及考核与评价，才能保证主题活动载体始终处于一个良好的运行状态，从而充分发挥载体的作用。一是要完善创新保障机制。要制定主体教育活动开展的配套支持政策，提供活动开展的经费支持和人员力量，建设相关场地，并结合活动开展的变化及时补充，确保活动有效开展，并取得其教育效果。二是要完善创新运行机制。探索完善主题教育活动的策划、审批、执行、监管等，对教育目标、组织要点和关键环节进行把控，让主题活动的运行在预期计划之内。三是要完善创新激励机制。通过奖励机制充分调动师生参与活动的热情和积极性。结合制定奖励政策、多举措并举实施、严格奖惩的方式，让师生群体切实感到参加活动思想受教育，个人有收获，价值有体现，从而增强主题活动参与者的积极性和主动性。

(五) 提高师资队伍素质能力

高校教师是大学生主题教育活动最主要的组织者和实施者，活动立意、策划以及跟踪评测效果都由教师牵头，因此提高师资队伍素质对提高主题活动质量至关重要。如果要突破主题教育活动仅作为思想政治教育活动的单一形式限制，并将其发展为专业化、职业化的思想政治教育体系部分，就需要一批素质过硬的师资力量支撑。因此，高校需要不断提高学生工作者的综合素质，让教育者明确发展目标，找准定位，把组织开展大学生主题教育活动作为事业追求和工作价值的体现，让教师有动力朝着更加专业化、职业化的方向努力。充分发挥团干部作用，选拔培养一批学生干部，并依托他们组织和改进活动，深化教育影响，让学生干部队伍成为师资队伍的延伸和重要补充，整合力量共同推进主题教育活动开展。

第五章　高校志愿服务

第一节　志愿服务概论

一、志愿服务内涵探析

志愿服务作为一项崇高的社会事业，在人类建立美好社会愿景的推动下，正不断地发展、演进和完善。实现中华民族伟大复兴的中国梦，离不开中华民族传统美德、中华优秀传统文化和伟大的民族精神的传承，离不开社会主义核心价值体系的建设。高校志愿服务是我国志愿服务的一支重要力量，在践行"奉献、友爱、互助、进步"的志愿精神，培养大学生社会责任感和社会实践能力，在推进精神文明建设、和谐社会建设等方面发挥了重要作用，是大学生综合素质全面提升，促进其成长成才不可或缺的一个部分和环节，在社会主义精神文明建设和核心价值体系建设中发挥着重要的作用。

（一）志愿者、志愿服务、志愿者组织

1. 志愿者

联合国对志愿者的定义为：自愿进行社会公共利益服务而不获取任何利益、金钱、名利的活动者。具体来说，是在不为任何物质报酬的情况下，能够主动承担社会责任，奉献个人时间和行动的人。在我国，志愿者的定义为：在自身条件许可的情况下，参加相关团体，在不谋求任何物质、金钱及相关利益回报的前提下，在非本职职责范围内，合理运用社会现有的资源，服务于社会公益事业，为帮助有一定需要的人士，开展力所能及的、切合实际的，具有一定专业性、技能性、长期性服务活动的人。

志愿者所从事的服务众多，其中可包括教育、环保及福利等范畴。鉴于此，笔者将志愿者划分为以下四类：第一类是以职权划分，可分为政策制定、直接服务及庶务类；第二类是以时间性划分，可简易分为定时类及临时类；第三类是以服务类型划分,可分为福利类、教育类及文化类等;第四类是以服务内容划分,可分为行政性、专业性及辅助性。

1993年12月在中国共青团十三届二中全会上,"青年志愿者"这个响亮的名字应运而生。志愿者应按照社会主义精神文明建设的要求和学校德育工作的任务,结合大学生志愿者自身的特点与实际,有目的、有计划、有组织、又有针对性地在校园内外开展各种内容丰富、形式多样的志愿者主题活动。

2. 志愿服务

志愿服务最早起源于西方国家,后来渐渐在世界各国普及,它是一种不以营利为目的的自愿性、公益性、社会性的行为,也是一种服务于他人、奉献于他人的社会公益实践活动,能够帮助社会传递爱心和文明,满足现代社会人们多元化的需要。

2017年10月18日,习近平总书记在党的十九大报告中指出,推进诚信建设和志愿服务制度化,强化社会责任意识、规则意识、奉献意识。

志愿服务一般是指志愿者组织、服务社会公众生产、生活以促进社会发展进步的行为,也可说志愿服务泛指志愿者利用自己的时间、技能、资源、善心为邻居、社区、社会提供非营利、无偿、非职业化援助的行为。

今天的志愿服务已经发展成一种具有丰富内容、多种形式的工作。志愿服务工作虽然艰辛,却依然有很多志愿者投身于志愿服务中来,这是一种精神的鼓舞和升华。志愿服务会让服务对象感到温暖,使其更好地融入社会,同时亦可丰富志愿者的经验和阅历,对社会而言也可创造出更大的财富,是一件共赢的好事。

3. 志愿者组织

志愿者组织是指组织志愿者开展志愿服务的公益机构。在中国,最大的青年志愿者组织是中国青年志愿者协会(Chinese Young Volunteers Association,CYVA)。该志愿者组织成立于1994年12月5日,是由志愿从事社会公益事业与社会保障事业的各界青年组成的全国性社会团体,是在中国共产主义青年团中央指导下的,由依法成立的省、自治区、直辖市青年志愿者组织和全国性的专业、行业青年志愿者组织和个人自愿结成的全国性的非营利性社会组织,是全国青联团体会员、联合国国际志愿服务协调委员会(CCIVS)联席会员组织。该志愿者组织旨在通过志愿服务活动,提高青年的整体素质,为经济社会的协调发展和全面进步做出贡献。

中国青年志愿者协会的最高权力机构是会员代表大会。会员代表大会每四年召开一次,理事会是会员代表大会的执行机构,在闭会期间领导本地协会开展工作，对会员代表大会负责。协会设常务理事会，在理事会闭会期间负责协会常务工作。协会设理事长一人，副理事长若干人，秘书长一人，副秘书长若干人。协会秘书处负责处理协会日常事务，秘书处下设综合协调处、项目规划处、招募培训处、管理服务处、就业服务处。

（二）志愿服务类型

世界各国的志愿活动内容都非常丰富、类型多样，英国著名学者戴维斯·史密斯将其归纳划分为四种基本类型：互助或自助、慈善或为他人提供服务、参与、倡导与宣传。为了适应我国社会经济的快速发展，服务于我国国情。我国志愿服务事业不断发展，志愿服务内容不断扩展，志愿服务形式不断创新。目前，我国志愿服务类型主要包括以下几个类型。

1. 社区志愿服务

社区志愿服务是志愿服务的重要内容，并日渐成为社区服务、公民自治的一个重要组成部分。我国社区志愿服务起始于天津和平区。1988 年，天津和平区新兴街道朝阳里居委会的 13 位积极分子自发组织起来，成立了便民服务志愿小组，无偿为孤寡老人、病残和特殊困难户提供服务。1989 年 3 月新兴街建立了和平区第一个街道级的社区服务志愿者协会，开启了我国社区志愿服务的大幕。经过 30 多年的发展，我国建立起了市、区、街道（镇）、社区四级社区志愿服务体系，从最初单一的生活帮扶逐步发展到涉及便民利民、青少年教育、幼教托管、知识技能学习、医疗保健、文体娱乐、信息咨询、法律援助、社区安全、交通协管、禁毒宣传、卫生环保等广泛领域，满足居民基本需求。

2. 扶贫行动

扶贫是志愿服务的一项重要内容，是稳定社会、建立和谐社会的重要工作。当前开展最广泛、最深入、最持久的扶贫志愿项目是由团中央和中国青年志愿者协会共同发起的"中国青年志愿者扶贫接力计划"，这是一项全国性的青年志愿者扶贫行动。该计划于 1996 年到 1997 年，在山西和广西进行了扶贫接力计划的试点工作。1998 年以后，扶贫接力计划在全国展开，并确定由共青团中央和中央文明办共同组织，由团中央和教育部、农业部、卫计委等部门联合实施。中国青年志愿者协会在团中央的指导下，协助团中央指导全国性扶贫接力计划的实施，并具体负责团中央级项目（如研究生支教团等项目）的实施工作。各地区青年志愿者协会在团中央、当地团委和中国青年志愿者协会的指导下，负责本地区扶贫接力计划的具体实施工作。

3. 大型活动志愿服务

组织青年为大型活动提供志愿服务已成为全国通行的做法。目前，已有数百万青年志愿者为国际、国内大型活动提供了优质高效的志愿服务。特别是2008北京奥运会上志愿者热情、优质的服务让全世界了解中国志愿服务事业，赢得了十分广泛的赞誉。

4. 环境保护

环境保护和生态建设是志愿服务的重要工作领域。自 1993 年中国青年志愿者实施行动以来，各级青年志愿者协会和民间环保组织以具体项目为载体，动员和组织了数千万的青年投身环境保护和生态建设，一大批优秀的环保志愿服务项目脱颖而出，为环境保护和生态建设做出了实实在在的贡献，在促进经济社会的可持续发展中发挥了积极的作用。从 2004 年发起的保护母亲河"中国青年志愿者绿色行动营计划"是我国最大规模的环境保护志愿服务项目。该项目以"劳动、学习、交流"为主题，以组建志愿者绿色行动营、建设志愿者绿色行动基地为基本形式，广泛动员、组织青年参与植树造林、环境整治、环保宣传等各种环保志愿服务工作。

5. 应急救援

志愿者是抗震救灾等应急救援的重要辅助力量。汶川大地震后，志愿者迅速投入抗震救灾中，不仅挽救了人民生命，也在灾民的震后安置中发挥了巨大的辅助作用。当灾害发生时，早一步通过志愿者向群众普及救援知识、指导救援，就有希望救出更多的幸存者。2001 年国家地震灾害紧急救援队（中国国际救援队）正式成立，填补了我国没有专业地震救援力量的空白。2002 年 2月，中国地震局组建了精干、高效、准军事化的国家级地震现场科学考察应急工作队。各省级地震局也组建、充实了本级地震现场工作队伍，并为现场工作队伍配备了必要的技术和生活装备。2002 年以来，全国已有十来个省（区、市）相继组建了地震灾害紧急救援队。2003 年以来，许多城市的部分社区，也相继组建了社区应急救援志愿者队伍。目前，共青团中央将与公安部等度个部委联合启动"中国消防志愿者行动"，把志愿服务与国家救援体系相结合，建立志愿者服务应急救援体系。

6. 海外志愿服务活动

向国外派志愿者是国际上一个通行的做法，美国、欧洲各国、日本、韩国等许多国家都有大量的志愿者在海外从事志愿服务，如美国的"和平队"，日本的"海外协力队"。海外志愿服务已成为增进民间交流、提升国家影响力的重要手段。中国青年志愿者海外服务计划始于 2002 年 5 月，他们以热情、专业的服务向受援国人民展示了中国青年的良好形象。他们克服了语言、饮食、习俗、气候上的巨大差异和种种困难，发挥所长、尽心奉献，不拿受援国任何报酬，深入基层直接为普通民众提供沼气开发、传统医学和理疗、中文教育、体育教育、信息技术等方面的服务。与此同时，他们还积极为需要帮助的机构、团体提供中文教育、武术教授、计算机培训、关爱孤儿等公益服务，创造性地开展工作。

（三）志愿服务的特点与意义

1. 志愿服务的特点

随着志愿组织的日益增多，志愿活动的日益广泛，志愿服务在现代社会中的地位也越来越重要，当前的志愿服务越来越向专业化、项目化、规范化发展，志愿服务的特点也日益突出。具体可以归纳为四个方面：

（1）参与广泛。

一是参与的主体普遍，从事志愿服务的公民占总人口的比例在逐年增大；二是参与的范围广泛，志愿者的服务内容主要集中在教育、医疗卫生、救灾援助、生活保障和环境保护等，涉及社会的各个方面。

（2）服务专业。

一是活动内容专业。随着社会的不断发展，志愿服务的内容逐渐具有选择性，项目集中于专业性较强的特定活动。这与我们当前高度的社会分工有直接关系。社会分工形成了不同领域、行业、职业、岗位，同时也加深了人与人之间的区别和联系。二是志愿人员和项目的组织化。一方面从事志愿活动的公民会加入某个志愿组织成为固定会员，另一方面政府机构中都设置部门专门负责志愿事务管理，协调各个方面的关系。

（3）政府支持。

政府的支持和推动是志愿服务得以开展的强力保障。从国家层面，政府对志愿服务是持赞成和鼓励态度，并出台了相关政策法规，不断保障志愿服务活动的有效、科学、可持续发展。基于志愿服务的内涵和特征做进一步的提取和分析，笔者认为志愿服务应该具有利他性、自愿性、非营利性和公益性四项基本属性。

（4）自愿提供无偿性服务或公益活动。

志愿服务的宗旨是完全出于个人意愿，不受任何人或者组织控制，行动自由，初衷就是要服务他人，同时不以报酬为目的，利用自己的特长、手中的资源为需要帮助的人提供帮助，或者参与公益事业，无私奉献，不求回报。

2. 志愿服务的意义

（1）从志愿者的角度。

首先，志愿服务是志愿者奉献社会的方式，是履行公民的责任和义务，是社会责任感和使命感的集中体现。其次，志愿服务是志愿者丰富生活、体验生活的方式，志愿者利用闲余时间，参与一些有意义的工作和活动，既可扩大自己的生活圈子，更可亲身体验社会的人和事，加深对社会的认识。最后，志愿服务可以给志愿者提供学习积累提升的机会，志愿者在参与志愿工作过程中，可以培养自己的组织、领导和沟通能力。

（2）从服务对象的角度。

第一，志愿服务是接受个人化服务的渠道。志愿者服务在提供大量人力资源的同时，更能发挥服务的人性化、个人化及全面化的功能，从而令服务对象受益。第二，志愿服务是让服务对象融入社会、增强归属感的有效方式。志愿者服务能有效地帮助服务对象扩大社交圈子，增强他们对人、对社会的信心，同时，志愿者以亲切的关怀和鼓励，帮助服务对象减轻接受服务时的自卑感和疏远感，从而使其建立自尊心和自信心。

（四）志愿者的素质要求、权利与义务

（1）志愿者的素质要求。

第一，志愿者必须有积极、乐观、向上的工作和生活态度，才能深刻体会"奉献、友爱、互助、进步"的志愿精神。第二，志愿者必须是一个谦虚、诚实、守信、踏实的人。无论是对服务对象、志愿者组织，还是对志愿者同伴，都要"言必信，行必果"。第三，志愿者必须有大局意识和团队精神。团队精神的核心是协同合作，最高境界是全体成员的向心力、凝聚力。第四，志愿者必须有包容心，要善于聆听、善于沟通，善于听取不同意见，心胸豁达开阔。第五，志愿者必须学会信任和尊重，信任同伴，尊重服务对象的人格、隐私权和生活环境等。第六，志愿者必须守时守纪，不要迟到早退，更不应该随意缺席志愿活动，有事需要事先请假以不影响志愿活动的开展。

（2）志愿者的权利。

根据《中国注册志愿者管理办法》规定，志愿者享有以下权利：第一，参加志愿服务活动；第二，接受相关的志愿服务培训；第三，获得从事志愿服务的必需条件和必要保障；第四，优先获得志愿者组织和其他志愿者提供的服务；第五，对志愿服务工作提出意见和建议；第六，相关法律、法规、政策所赋予的权利；第七，可申请取消注册志愿者身份。

（3）志愿者的义务。

根据《中国注册志愿者管理办法》规定，志愿者需履行以下义务：第一，遵守国家法律法规及团组织、志愿者组织的相关规定；第二，每名注册志愿者根据个人意愿至少选择参加一个志愿服务项目或活动，每年参加志愿服务时间累计不少于 20 小时；第三，履行志愿服务承诺，完成志愿服务任务，传播志愿服务理念；第四，自觉维护团组织、志愿者组织和志愿者的形象；第五，在志愿者职责范围内，自觉维护服务对象的合法权益；第六，自觉抵制任何以志愿者身份从事的赢利活动或其他违背社会公德的活动（行为）；第七，依法应当承担的其他义务。

二、高校志愿服务育人功能分析

高校是培养建设现代化事业接班人的主阵地，是培育具有社会主义核心价值观的高素质专业人才的平台，也是社会精神文明的窗口。大学生志愿者作为社会最优秀的高素质群体之一，其思想觉悟、道德水准、行为作风直接影响到整个社会的道德水平，其精神面貌直接关系到整个社会风清气正的程度，具有强烈的辐射带动作用。高校需要高度重视志愿服务的重要性，动员广大学生踊跃投身志愿服务活动，推进高校志愿服务工作健康有序持续发展，充分发挥以育人为核心的功能。志愿服务是大学生助人与自助的有机统一，让青年学生走出书本和课堂，带着第一课堂的专业知识走向社会，参与社会劳动和服务，体验不同阶层老百姓的生活，在克服困难中磨炼自己坚强的意志。

（一）价值观形成及行为习惯养成

大学生正处于整个人生阶段最为关键的时期，他们思想尚未完全成熟，处于世界观、人生观和价值观的形成时期。高校志愿服务活动的开展，充分体现了社会主义核心价值观的理念，在充分结合"奉献、友爱、互助、进步"的志愿者服务精神基础上的志愿服务活动，有利于大学生深刻领会社会主义核心价值观的内涵，实现为他人服务的人生价值，帮助大学生对社会和不同人群进行认知和理解，形成追求自身价值实现与社会进步、国家建设有机统一的价值观念。大学生通过参与志愿活动，接触社会弱势和底层群体，不仅能对社会有更加深刻的认识和理解，还能增强自身的社会责任感和使命感。在服务他人的过程中，大学生志愿者还能学到课堂外的新知识和新技能。

志愿服务有助于引导大学生树立正确的人生观和价值观，提高自身的道德素质，养成良好的服务社会、服务人民的行为习惯。传递爱心和推动社会文明，是大学生"受教育、长才干、做贡献"不可替代的重要方式。大学生在志愿服务当中，耳濡目染志愿者群体无私奉献、团结协作和互帮互助的优秀品质和良好氛围，对自身树立正确的世界观、人生观和价值观具有课堂教育无法比拟的重要现实意义。

（二）素质及能力提升

目前，我国高校大学生基本上具备良好的专业技能和文化素质，但这离综合素质全面发展的要求还有一段距离。如何将书本上的知识运用到实践当中，去服务地方、服务人民、服务社会；如何在实践中将专业知识外化于行，内化为自身的能力和道德素质……志愿服务作为一种自发的、公益的、无偿的社会活动，可以很好地解决这个问题，因为它是广大青年学生贡献个人力量、锻炼意志、洗涤心灵，实现个人价值的良好的平台。志愿服务还可以激发大学生提升个人素质、拓展发展空间、延伸专业技能，帮助大学生将理论与实践紧密结合起来，达到学有所长，学有所用的目的，以进一步激发学习兴趣，形成一个道德素质及综合能力提升的良性循环。

在校大学生可以利用自己的课余时间，结合自己的专业知识和兴趣特长，积极投身到高校志愿服务活动中。在不同类型的志愿服务活动中，大学生不仅可以培养自己的人际交往能力、沟通协调能力、资源整合能力，还可以巩固专业知识、获取职业技能、掌握实用技巧，使大学生更加符合当今社会对复合型人才的要求。志愿服务是落实青年学生素质教育的重要形式，也是人才培养的实践需要。

（三）职业观养成

高校志愿服务是大学生职业观养成的有效载体，深入引导和鼓励青年大学生积极参与志愿服务活动是培养其形成正确职业观的重要途径。高校志愿服务是通过高校志愿服务活动让大学生志愿者在志愿活动过程中获得现实体验与人生感悟的实践过程，它能使大学生在志愿活动过程中不断提高自己的动手能力和专业技能，为青年大学生毕业后尽快进入工作岗位，转变工作角色，掌握工作技能奠定良好的基础。

志愿服务符合大学生道德发展和成长成才的内在需要，大学生自愿参与志愿服务活动，可以提高自身的职业道德认知，培育浓厚的职业情感，磨炼坚强的职业意志，培养大学生专业的职业行为。在职业认知、情感、意志和行为四个因素的共同作用下，形成了良好的择业观和职业观，为自己进行职业生涯规划和步入职业生涯奠定良好基础。

（四）社会责任感培育

社会责任感是和谐社会建设和实现国家兴旺发达的精神支撑。大学生是建设和谐社会、美好家园，实现国家富强、民族复兴的生力军，更应主动承担起家国责任。

志愿服务是大学生"受教育、长才干、做贡献"不可或缺的重要抓手，也是大学生走出象牙塔，走进社会、认识社会、了解社会的最为有效的途径之一。志愿者是文化交流的使者，他们的志愿服务也是认识社会、感受文化、传播文明的新方式。志愿者走进社区、走进农村、走进贫困山区、走进生产生活第一线，陪伴孤寡老人和留守儿童，照顾残障人士，支持公益事业，参与国家和社会重大活动，通过一系列丰富多彩、卓有成效的志愿服务活动，感受民生民情，以激发自身的服务意识、奉献精神、责任观念，树立为人民服务的主人翁意识。通过一系列活动让青年大学生锻炼才干、提高认识、发愤图强、克己为公，快速地成长和成熟，增强他们的社会责任感和使命感，为建设社会主义现代化强国不懈奋斗。

三、志愿服务在高校思想政治教育工作中的作用

2017年，中共中央、国务院印发了《关于加强和改进新形势下高校思想政治工作的意见》，强调指出高校肩负着人才培养、科学研究、社会服务、文化传承创新、国际交流合作的重要使命。加强和改进高校思想政治工作，事关办什么样的大学、怎样办大学的根本问题，事关党对高校的领导，事关中国特色社会主义事业后继有人，是一项重大的政治任务和战略工程。志愿服务在高校思想政治工作中的作用包括以下几个方面。

（一）志愿服务是思想政治教育工作的载体

志愿服务具有形式多样、灵活便捷的特点，这满足了青年大学生帮助他人、服务社会、实现人生价值的愿望和需求，它作为高校思想政治工作的重要载体，已成为不可或缺的一部分。

思想政治教育工作以志愿服务为重要载体，就是要有意识地开展各种丰富多彩的志愿服务活动，把思想政治教育工作的内容融入其中，使大学生在活动中接受教育、提高觉悟、提升道德品质、提高思想认识、坚定理想信念、践行社会主义核心价值观。志愿服务为大学生施展才华、丰富社会阅历、增长才干，提供了广阔的实践平台，要充分发挥志愿服务活动的实践育人优势，通过完善志愿服务的各项工作机制，积极打造各类志愿服务品牌，来进一步促进志愿服务活动对大学生思想政治教育功能的优化升级，通过引导大学生在参与志愿服务活动中实现自我学习、自我教育、自我提高来进一步提高大学生的思想道德水平和思想政治觉悟，从而突出高校思想政治工作的实效性。

（二）志愿服务丰富思想政治教育工作的内涵

志愿服务为高校思想政治教育工作打开了一扇窗户，把枯燥乏味的说教式、填鸭式的思想政治教育做得丰富多彩，极具生命力和张力。传统的思想政治教育工作就是死板地上课、开会、讨论、检查，而志愿服务则用生动的主题活动、社会服务、慈善等形式起到了对学生的教育和启发作用，且更易被学生接受和喜爱。因此，志愿服务丰富了高校思想政治教育工作的内涵，拓展和延伸了思想政治教育工作，润物细无声，让学生在活动中受教育、有收获。

高校在开展思想政治教育工作中，要组织青年大学生深入学习贯彻习近平总书记系列重要讲话精神，教育引导大学生牢固树立社会主义核心价值观，重点就是要将志愿服务作为推动大学生思想政治教育与时俱进的重要载体。从建设志愿服务文化发力，将社会主义核心价值观融入青年大学生的学习和生活中，潜移默化地影响和改变大学生的思想和行动。在活动的设计和策划上，可通过精心安排、系统规划、创新方式，以宣传教育、示范引领、能力养成为基本途径，以浓厚的志愿服务文化熏陶人，以群众性道德实践塑造人，积极培育和践行社会主义核心价值观，从而将大学生思想政治教育工作做得生动和丰富。

（三）志愿服务增强思想政治工作的实效性

志愿服务是人类社会奉献和博爱精神集中体现的产物，是一种高尚的社会行为和一项不可或缺的公益事业。它在弥补公共服务的空缺，促进社会安定团结，加强社会凝聚力，建全社会保障体系，服务地方经济建设等方面都发挥了不可小觑的积极作用，对推进社会进步具有重要的现实意义。

近年来，越来越多的国际体育赛事活动和国际组织会议在我国举办，这个大环境就对志愿服务的需求与日俱增，大量的志愿者投身于这种志愿服务中，其中高校大学生成为志愿服务者的重要组成部分，他们的表现也受到了社会越来越多的关注。高校大学生参与志愿服务受到社会的普遍支持和高度认可，"奉献、友爱、互助、进步"的志愿精神不仅符合大学生思想政治教育的主旋律，更加体现了与时俱进的时代特征和积极向上的青春气息，使大学生更加容易接受。

高校思想政治教育工作需要借助一定的载体才能对教育对象发挥作用。志愿服务行为自身的特点使它成为加强高校大学生思想政治教育实效性的新型重要载体。通过参与志愿服务的活动，大学生们提升了自身的价值观、培养了自身的思想品质，这些都对大学生将来走进社会尽快地融入社会大有裨益。因此，高校大学生参与志愿服务已经成为高校思想政治教育工作的积极推动力量。高校思想政治工作也期望借助大学生志愿服务活动加强高校思想政治工作的可行性、实效性。

（四）志愿服务检验思想政治教育工作的成效

志愿服务是高校思想政治教育工作的一面镜子，它既是思想政治教育工作的有效载体和重要抓手，又是检验思想政治教育工作成果的"验收机"。青年学生参与志愿服务，在活动中完成工作的效果、待人接物的表现、对服务对象的耐心程度等，都是对思想政治教育工作效果的展现。

如果学生参与志愿服务的热情和主动性大大提高，则大学生思想政治教育取得了实效。青年学生认为志愿服务活动是很有意义的事，愿意继续参加志愿服务活动，并认为自己在志愿服务活动中得到了锻炼，有收获有感悟，则表明了学生对志愿服务的热情和主动性不断提升。如果参加志愿服务的学生在学校的精神面貌普遍较好，呈现出积极向上、奋发昂扬的精神面貌。在课堂上，学习专业技能的积极性蔚然成风，同学之间相互帮助的事迹随处可见，关心集体、关心学校、关心环境的意识明显增强。这些都是学生在参与志愿服务活动中实实在在的获得感。同时，学生参与志愿服务活动，加深了对社会的认识，提升了自己的综合素质和能力。通过大学生志愿者活动，大部分学生认为这丰富了自己的生活经验，加深了自己对社会的认识，学到了新的知识和技能，促进了个人成长和人格的完善。

第二节　高校志愿服务现状及存在的问题

一、高校志愿服务现状

（一）志愿服务对象多样化

近年来，高校志愿服务对象逐渐具体化、精细化和多样化。全国各高校持续深入地拓展志愿服务的平台，深挖志愿服务的内涵。经过多年的沉淀和提炼，志愿服务活动已逐步被项目化和流程化，志愿服务对象也逐渐具体化、精细化、标准化，并初具特色，形成了具有高校办学特色的志愿服务活动。例如，"阳光助残"志愿服务活动就从帮扶残障儿童逐渐过渡为关注如自闭症儿童等某一类具体的残障儿童；重庆工商大学的"天使之约"阳光助残公益行动将志愿服务对象确定为残疾人群体，特别是残障儿童；陕西科技大学的"中国梦·志愿心"活动将志愿服务对象精准到农村自闭症儿童。再如关爱农民工子女的志愿服务活动，从以前各高校都在关爱和帮扶的留守儿童群体，具体到农村留守儿童、随迁民工子女，如武汉理工大学的"super baby"护幼计划更是将志愿服务对象精细到了3~6岁的农民工幼儿①。

（二）志愿服务内容比较丰富

2014年以来，中国青年志愿服务项目大赛暨志愿服务交流会已连续举办了多届，它主要是对我国高校各具特色的志愿服务内容的项目展示、组织交流、资源配置、文化引领和社会参与的展示、交流与学习。在近三届的项目大赛上，涌现出一大批具有示范推广价值和内容丰富的优秀志愿服务项目。在三届赛会中，高校获金奖数量分别为20项、28项、38项，数量稳步上升，且增幅近10%，三年共计近90项，成绩斐然。由此可见，我国高校在志愿服务事业中的作用越来越大，主要地位也日趋明朗化，服务内容也各具特色、丰富饱满，主要服务内容包括志愿助残、关爱农民工子女、环境保护、文化宣传、邻里守望、扶贫开发、法律服务、理论研究等方面。

（三）志愿者规模大

高校志愿服务的主要参与者是大学生，但随着志愿活动专业化的发展，规模正逐年扩大。1993年至今，自共青团中央发起实施中国青年志愿者行动以来，经过规范注册的大学生志愿者已达2 000多万人，全国累计已逾1.5亿多人次的高校志愿者在扶贫开发、社区建设、阳光助残、环境保护、应急救援等领域为社会提供志愿服务。根据团中央的统计数据，中国高校志愿者的增幅超过国内生产总值的增幅。其中，高校结合志愿服务活动的特色整合力量，加入了专家学者，社会专业、爱心人士等力量，加强对高校志愿者的专业培训，让志愿者组织更加具有吸引力和凝聚力，团结和招募更多综合素质高、专业技能强的大学生志愿者。如太原理工大学"童心圆"留守儿童关爱行动，以驻村"第一书记"为纽带，不但汇聚了儿童教育专家、心理学专业人士，还聚集了各专业、各年级的大学生志愿者。

（四）志愿者组织成体系

随着社会工业化进程不断加快，我国社会结构也发生了巨大的变化，高校志愿服务事业也积极顺应社会发展的要求，逐步从启动阶段的活动性形态转变为有组织、有规模、有战斗力的志愿者组织体系。如中国人民大学明确而有效率的组织结构，1995年就成立了校级青年志愿者协会，由校团委直接领导，下设健康项目管理部、教育项目管理部、红十字项目管理部、环保项目管理

---

① 李艳丹，黄绍华，汪越. 高校青年志愿服务项目的现状及思考 [J]. 教育教学论坛，2017 (6)：47-50.

部、青春健康项目管理部、咨询辅导项目管理部、救防项目管理部、"协青"项目管理部、扶贫项目管理部九个部分，各院系成立二级青年志愿者协会，也是基层行动组织；又如复旦大学的"三层系统管理"模式，它是比对军队的建制搭建组织机构，分成复旦大学全体学生组成的薪火志愿协会、各院系志愿服务队、类似特种部队的各类以服务内容为划分依据的志愿者服务队三个层次；中国矿业大学的四级组织结构；山东大学的"项目团队—社区服务站—服务平台"的志愿者组织结构；等等。

二、高校志愿服务存在的问题

（一）志愿服务安全保障体系不健全

志愿者在服务中，对其自身利益和安全问题的保障是一个非常重要的基本点。目前，高校志愿服务虽已深入社会各个领域，但仍难以被现有的法律、法规明确保护和涵盖。特别是部分高校对大学生志愿者服务活动的培训和活动开展情况预估和评价不足或者不充分，很少为志愿者提供人生、医疗保险，缺乏预防处理风险和事故的能力，目前只能依靠购买短期意外保险来解决部分问题。但是，如果志愿者在志愿服务期间出现意外伤亡，连法律也难以提供有效的保护，高校和志愿者双方无法可依，难以维护自己的权益。尤其是在进行一些具有危险性的活动服务时，如环境保护、抢险救灾、维护治安等系列活动，难免会出现过失给自己或他人带来伤害。所以，缺乏制度支持成为高校志愿服务活动全面广泛开展的一个瓶颈，尤其是活动中大学生志愿者的权益和安全应该如何维护，这是一个亟待解决的现实课题。

（二）志愿服务平台有限

高校志愿服务活动主要以青年志愿者协会或者义工志愿者协会为依托，结合自身志愿服务项目的特色，与地方、社区、企业等组织合作共建志愿服务基地，从而拓展志愿服务活动的平台和空间。但是，目前现有的志愿服务基地的增长数量还跟不上高校志愿者数量的增加，大量志愿者没有属于自己的志愿服务阵地，只能靠志愿者组织的负责人安排志愿服务活动，不能自主选择服务项目参与。同时，大部分高校还缺乏志愿服务的交流平台和资源共享平台，大部分志愿服务信息都要通过志愿者组织的渠道获得，活动的组织和人员的安排都要经过高校相关部门统一协调。这些因素使得志愿服务活动组织僵化，不利于志愿者自发性活动的开展。

随着"互联网+"环境的不断发展和优化，我国社会发展的网络化程度逐步提高，网络空间已经成为青年大学生的生活方式，如具有个性化的网页、微信公众号、微博公众号、App 移动应用等。网络目前已经成为高校志愿者组织开展志愿服务活动的重要平台和抓手，也是拓展和延伸志愿服务空间的"手臂"。

（三）志愿服务项目与市场需求脱节

志愿服务是志愿者的一种无私奉献，也就是给予对方关心、帮助或服务等而不索取任何报酬的行为。然而，志愿服务特别是高校志愿服务，在很多时候就可能存在"市场失灵"问题，也就是志愿服务一方热情高涨，而服务的需求者却相对较"冷"的局面，即"供过于求"，从而造成志愿服务项目与市场需求脱节。该问题的产生主要有两方面因素，一方面源于高校志愿服务参与者——大学生志愿者。大学生志愿者虽有热情、有激情，但由于信息不畅通、专业技能缺乏、时间限制等因素，他们的有些志愿服务活动或者项目无法满足服务对象的真实需求，这不利于形成有组织、有规模、长期开展的志愿服务。另一方面源于高校志愿服务的组织。由于高校志愿者组织大多是由高校共青团组织指导开展的，部分志愿活动是依靠行政命令的方式进行组织和策划的，容易出现因缺乏详细地市场调查而与市场需求脱节的现象。所以，要解决好志愿服务的"供给"与服务对象的"需求"实现有效对接，就必须积极实施志愿服务供给侧创新改革，实现志愿服务的精准化。

（四）志愿服务活动持续性差

大学生志愿服务组织依托高校资源和政府资源，有固定的资金保障和政策支持，但是部分志愿服务活动缺乏长期的科学管理和合理规划，虽然活动短期效应比较明显，但是长期的、具体的、扎实的活动比较少，这样就不可避免地使高校志愿服务活动倾向于短期、临时、功利，导致志愿服务活动持续性差，长期来看效果不好，不易于形成品牌和规模效应。某些情况下还会出现志愿者属于非自愿性甚至是强制性参与，久而久之就会出现随着年级的增加，参与志愿服务人数逐步减少，导致高校志愿服务难于形成长效机制。

第三节　高校志愿服务创新与探索

一、志愿服务精准化

（一）打造志愿服务精品活动

高校志愿服务是高校第二课堂和大学生思想政治教育工作的品牌。志愿服务活动要产生深远的影响和辐射更多的人群，就必须树立志愿服务活动的品牌意识，精心运作，积极组织和策划，打造精品活动，用优质的志愿服务得到社会的广泛认可和支持，从而形成良性循环，凸显志愿服务效果和社会效益，树立形象，发挥志愿服务品牌影响力和感染力。高校可结合自身专业特色，在现有传统志愿服务活动基础上，从活动策划、组织、宣传、视觉听觉识别、硬件设施等方面，结合服务对象的具体需求，利用线上宣传动员组织和线下推进实施相结合的方式，打造志愿服务精品活动。

例如，奥运会志愿服务、"青年志愿者扶贫接力计划""大学生志愿服务西部计划"；重庆工商大学的"'天使之约'阳光助残公益行动"项目，在14年的时间里，用坚持不懈的阳光助残志愿服务行动，用实实在在的行动和卓有成效的工作使理解、尊重、关心、帮助残疾人的氛围在校园内外日益浓厚，形成全校青年学生关爱残障人士的强大向心力和凝聚力；吉林大学体育学院万帮志愿者协会的"星语心愿爱行动"用体育干预手段对自闭症儿童进行干预，充分体现了服务内容的专业性；武汉理工大学"米 fun 行动"——自闭症儿童关爱计划，以种水稻促康复，志愿者在湖北省水稻研究中心学习旱播水稻的种植方法、接受自闭症儿童关爱培训；等等，都是逐渐发展成熟的精品项目。

（二）细分服务对象，实现精细化服务

高校志愿服务工作要在充分调研服务对象实际需求的基础上，对服务对象进行细分归类，针对其需求的内容分门别类，向服务对象提供精细化的服务，以推动高校志愿活动精准化。在"互联网+"的环境下，精准预测服务对象的精神文化需求和现实困难需求不是难事，高校可培养志愿者组织以信息化平台为基础，利用微信、微博、移动应用、专题网站等渠道合理统筹文化资源和个人志愿者，来构建深厚的服务基础。

对服务对象进行分类，可以结合服务地的情况，比如可将社区居民分为残障人士、留守儿童、孤寡老人、失业人群、低保户等。同时，对细分后的群体进行广泛的需求调研，包括谁需要服务、需要什么服务、如何开展服务、后续服务评测等方面。只有充分调研，才能精准把握服务方向，提高服务质量。比如在武汉大学"漫微笑"唇腭裂科普漫画手册项目中，调研时发现农村地区家长的知识水平低，往往会因为不了解唇腭裂而贻误孩子的治疗，因此将服务人群定位为中西部子女 B 超诊断为唇腭裂的准妈妈。在此基础上，通过绘制专业科普漫画，用通俗易懂的形式介绍唇腭裂相关知识及治疗流程等后续内容，并将其投放至中西部各中心医院 B 超诊断中心，进行精准服务。

（三）针对性地设计志愿服务内容

高校志愿服务的对象主要是所在地的人民群众，在设计志愿服务内容的时候，就应该以地方实际情况为出发点，结合地方经济社会发展的形势以及高校志愿服务工作的趋势，设计行之有效、具有推广意义和辐射效应的志愿服务活动。

高校的特色志愿服务活动的生命力和增长点在于如何从当地经济社会发展需要和当地群众愿望出发，有特色地开展工作。因此，其关键在于如何较好地依托地方资源，扩大活动在地方的影响力。由此，高校可以从"政府关注、群众关心、学生聚焦"的地方和领域着手，寻找与之相促进的切合点，做到"立足实际，结合需要，突出特色"。如东莞理工学院利用东莞市创建全国文明城市、全国第一次污染源普查等活动，组织大规模志愿者积极参与，同时组建环保宣讲志愿服务队到东莞各镇（街）开展环保宣传志愿活动。通过有针对性地设计志愿服务活动内容，强化高校志愿服务活动的特色化建设，逐步提高志愿服务的影响力，引发社会关注和舆论效应，凝聚和号召更多的社会力量进行关注和帮扶①。

二、志愿服务体现专业化

（一）志愿服务与高校学科专业结合

高校应立足自身学科优势和专业特色，推动志愿服务活动的专业化。高校汇集了先进的理念、前沿的技术，因此要充分发掘自身优势，推动志愿活动专业化。专业化主要体现在服务内容的专业性和志愿者的专业性上，加强专业化建设，提升服务质量。随着志愿服务活动的深入发展，社会对志愿服务质量的需求日渐提高，建设专业化志愿者队伍在当前具有现实意义。一方面，加快学校志愿服务活动专业化建设，提高志愿服务活动的实效性；另一方面，为学生的专业实践和实习提供重要渠道和平台，使学生能够学有所长、学以致用、发挥专长、提升技能、贡献力量。

例如，安徽师范大学志愿服务组织了"平民电脑学校"，该项目就是结合学生专业、围绕社会需求，确定活动立足点，成立稳定组织加强业务指导，建立实践基地规划活动内容，加强媒体宣传普及志愿理念，实现了志愿服务活动的良性发展，为大学生志愿服务开辟了新的形式。鲁东大学教育科学学院志愿服务团队，在河南省新乡市朗公庙镇南固军村进行了"回归人员之子心理救助"志愿服务，致力于改善服刑人员未成年子女的生活状况，解决其心理问

---

① 彭晓波，黄金和，植旭明，等. 创新地方高校志愿服务工作机制的探索和思考：以东莞理工学院为例 [J]. 广东青年职业学院学报，2010，24（1）：13-16.

题，提供心理援助。重庆工商大学艺术学院志愿者服务团到社区为残障人士提供绘画志愿服务，教他们制版画，并联系地方民营企业提供销售服务，帮助残障人士力所能及地参加社会劳动，获取收入。

（二）志愿服务与志愿者兴趣爱好结合

高校在开展志愿服务活动，招募志愿者的时候，可结合志愿服务项目的特点和志愿者的兴趣爱好进行考察和选拔，经过综合性培训后随机安排志愿者参加各项志愿服务。在某项志愿服务活动中具有兴趣特长的志愿者更容易掌握志愿服务项目需要的相关知识和技能，更好地发挥本人特长；同时，这部分志愿者更有优势获得服务对象的满意和好评，使志愿服务落到实处。

在关注志愿服务发展长效的基础上，推动志愿服务活动具有双向化收获。志愿服务涉及服务对象和志愿者两个主体，志愿服务的长效发展需要双方的共同成长、共同提升。于服务对象而言，要在服务对象物质生活改善的基础上，重点关注心理感受和获得感。于志愿者自身而言，要关注其能力、价值感、幸福感的提升。因此，选拔有相关兴趣爱好和特长的志愿者参加志愿服务，是一件互利共赢的事情。

（三）志愿服务与市场需求结合

高校志愿服务要开展多元化建设，着力拓宽志愿服务工作领域，将志愿服务与地方社会需求相结合，使志愿服务工作朝着多元化方向发展。坚持在社会关注、群众急需和青年能做、青年愿做的结合点上寻找突破口，充分发挥志愿者们的知识与专业优势，在社会公益服务、社区发展服务、成长辅导服务、科技文化服务、困难群体服务、生态保护服务、大型赛会服务等领域不断丰富志愿服务活动内容，创新志愿服务活动的形式。

高校在开展志愿服务活动的时候，要以社会需求和区域实际为切入点，确定志愿服务内容、范围和工作要求，为有效、有针对性开展志愿服务工作打下坚实基础。此外，高校还可以和地方政府合作，地方政府可以购买服务为方式，健全志愿服务平台，优化志愿服务工作资源配置，构建统筹多方发展一体化的志愿服务新格局。加快志愿服务管理方式和运行理念的转型，推动志愿服务从观念到内容的变革，真正将志愿服务和市场需要紧密结合起来，以突出实效。

三、实现志愿服务可持续化发展和优化

（一）多维度拓展志愿服务渠道

随着社会对志愿服务的需求增加和志愿者参加志愿服务项目积极性的提高，目前对志愿服务渠道的要求也越来越多，可以深入社会各领域，如政府机关、企事业单位、民营企业和田间地头等。首先，高校在组织开展志愿服务调研时，要广泛了解社会各领域的需求，为大学生拓展丰富的志愿服务项目资源。其次，设计和策划符合大学生志愿者和服务对象双方需求的项目也是非常重要的，这可以通过举办志愿服务项目设计比赛、志愿服务论坛、志愿服务项目交流会等方式来解决。最后，高校除了大学生青年志愿者协会和义工志愿者组织之外，还存在各类学生社团，这些社团由于更符合学生兴趣爱好和特长的需求，对学生的吸引力比较大，学生的凝聚力和执行力比较强，因此对学生的社团活动进行适当的资源整合和优化也能产生丰富多彩的志愿服务项目。

除了在线下拓展志愿服务渠道，还应该利用网络空间不断延伸志愿服务的"手臂"。如设计志愿服务线上服务，利用 QQ、微信、BBS、B 站等网上交流平台为服务对象提供点单式的志愿服务。同时，也可对志愿者提供相应的分享、交流和学习平台，广泛收集大学生志愿服务的信息、报道、感悟、成果等，为大学生呈现更加翔实、丰富、生动的资料，帮助大学生树立正确的志愿服务精神，更好地参与志愿服务活动。

（二）健全志愿服务激励保障机制

为了加强志愿者组织的稳定性，调动志愿者的积极性，高校应该健全志愿服务的激励保障机制来保证志愿服务活动的顺利进行。志愿服务激励保障机制的建设包括制度化的措施、舆论的宣传和现实的回报等，既有宏观的导向性措施，也有微观的辅助性措施[①]。高校需要把激励机制与高校人才培养结合起来，通过探索和建立有效的激励机制，维持志愿者的热情。

高校可将志愿服务的善举与大学生个人发展有机结合起来。首先，对在志愿服务表现突出的同学给予奖励，比如评选志愿者优秀个人、志愿服务标兵，将第二课堂成绩单、志愿服务效果与奖学金和评优挂钩等方式，这既是对大学生志愿者自身价值的肯定，也会形成一个强大的推动力。其次，可将参与志愿服务活动的行为与大学生未来升学、出国和就业挂钩。最后，加强经费保障。志愿服务是不计报酬的服务，但这并不等于免费服务，而且大学生是消费性群体，一定的资金支持对大学生志愿服务活动来说是非常必要的。

（三）发挥模范典型的榜样引领作用

就心理层面而言，大学生志愿者参与志愿服务活动的动机主要是以自我实现为目标，志愿者希望能够通过志愿服务得到心理层面自我实现的满足感和获得感。高校要选树优秀的志愿者，发挥榜样示范引领作用，一个典型一根标

---

① 丁元竹. 北京大学志愿服务与社会福利研究中心 [J]. 志愿服务论坛，2005（7）：76-79.

杆，一个楷模一种导向。一方面让优秀的志愿者得到表彰，感受到奉献后的满足感和获得感；另一方面也以其具有鲜活感染力的事迹，让更多志愿者受到启示，让更多的志愿者以优秀为榜样，发挥个人主观能动性，积极参与志愿服务，为志愿服务积累正能量，在全校范围内形成学习先进、关爱先进、崇尚先进、争当先进的氛围。

（四）线上线下传播志愿服务成果

志愿服务项目从策划到组织实施，再到服务落到实处，服务对象能获得实际帮助，需要志愿者倾注大量的时间和精力。但是，志愿者毕竟是一小部分，还需要社会各界进一步协调统筹规划，扩大社会效应，彰显志愿者精神，号召更多志愿者参与志愿服务项目，因此要通过各个渠道宣传和传播志愿服务成果。在"互联网+"环境下，利用线上线下相结合的方式是最有效的。

一方面，建立完善的志愿活动发布与报道平台，把线下的志愿服务和线上的交流互动结合起来，不断吸引动员更多的志愿者融入这个群体。另一方面，建立宣传—实践—报道机制，实现宣传与活动的同步进行，深化志愿成果，使志愿服务项目和志愿者更有效地走进社会大众进行志愿服务。同时，开设线上线下志愿服务成果展示，加强大众对志愿服务项目的认知，线下主要通过展板、杂志、宣传单、社区宣讲、文艺节目等方式对志愿服务项目成果进行梳理和展示；线上主要通过视频、音频、图片等方式，呈现更加翔实、丰富、生动的资料，帮助大学生树立正确的志愿服务精神，同时引发社会普遍关注和舆论支持，扩大志愿服务项目的影响力。

四、实现志愿服务社会化和巩固服务成果

（一）整合资源，推动志愿服务社会化

高校志愿服务的对象是老百姓，他们来自社会各个阶层，仅仅依靠大学生志愿者的力量去解决他们的现实问题和困难显得势单力薄、孤掌难鸣，因此志愿服务需要社会各种组织一起参与，形成合力，共同推动。

首先，高校可通过与政府相关部门、企事业单位、民间组织等合作，通过争取资金扶持、帮扶对接、专业发展等来增强造血能力，建设志愿服务组织孵化基地，吸引社会专业人才入驻，运用"互联网+志愿服务"思维来创新模式。其次，高校可积极联系推动政府购买服务社会化运作模式，由高校组织志愿者，对接社区和单位，确保经费支持和保障。再次，高校可依托城乡社区综合服务设施和街道便民服务点，搭建志愿者、服务对象和服务项目对接平台，建立定点志愿服务项目，定期组织志愿者开展服务活动。最后，可大力推广

"菜单式"志愿服务、"社工+义工"协作服务的经验做法，通过志愿服务，引发社会关注，将志愿服务融入社会治理，推行志愿服务项目化。

（二）凝练总结，巩固志愿服务成果

为了更好地展示志愿者风采，更有效的传播和弘扬志愿服务精神，志愿服务成果的展示、宣传和固化成为志愿服务工作中必不可少的一个环节。

优秀的志愿服务项目，往往具有可复制性和推广性，固化志愿成果有助于项目示范推广。巩固志愿服务工作成果的核心是通过志愿奉献，使志愿者领悟服务精神，实现自我人格的升华。第一，明确"奉献、友爱、互助、进步"的志愿服务精神，从弘扬志愿精神与互助理念出发，正面引导积极向上的志愿风气；第二，建立完备的志愿活动发布与报道平台，采取线上线下结合的方式，对志愿服务活动进行回顾、展示、总结和表彰，使志愿服务成果有效深化；第三，创新志愿活动载体、丰富志愿成果形式，将志愿精神渗透到各个方面；第四，通过论文、专著、课题和研究报告等形式，将志愿服务活动固化，并将其转化为经验和可操作的依据，结合时代特点不断建设新型志愿服务活动。

（三）推动志愿服务共赢发展

高校志愿服务活动要不忘初心，将服务落到实处。要积极引入共建共赢志愿服务的新模式，持续开展深入社区和农村的志愿服务活动，不断创新工作思路，将高校思想政治教育、志愿服务活动和社会热点问题、国家建设各个方面等工作有机结合，大力发挥志愿者组织"枢纽型"社会组织的作用，在准基层和群众需求的基础上，广泛联系和整合各方资源，促进高校志愿服务共赢化发展，实现各项工作的全面推进以取得良好效果，构建共建共享共赢的志愿服务大格局。

第一，高校在志愿服务活动中，可培养和锻炼志愿者，把思想政治教育工作融入志愿服务活动中，潜移默化地对学生进行生动化、现实化、直观化地教育，通过第二课堂对第一课堂有效地进行补充和实践，将理论转化为实际，将知识内化为素质和能力。第二，服务对象实实在在地在志愿服务活动中得到了帮助，解决了问题，克服了困难，精神和物质层面都得到了一定的提升，感受到了社会的温暖和正能量。第三，相关政府部门也依托高校的志愿服务活动解决了部分棘手的现实问题。第四，高校通过与相关企事业单位合作，在志愿服务中开展调查和科学研究，解决部分社会热点问题和经济建设问题，为企业带了效益，也促进了科学研究的发展。总而言之，通过各方共同努力，搭建合作共建的平台，实现各方共赢化发展。

第六章　大学生社会实践

　　大学生是十分宝贵的人才资源，是民族进步和复兴的希望，是建设社会主义强国的重要力量。习近平总书记在全国高校思想政治会议上的重要讲话和《中共中央国务院关于加强和改进新形势下高校思想政治工作的意见》文件中明确指出了：要强化社会实践育人，提高实践教学比重，组织师生参加社会实践活动，完善科教融合、校企联合等协同育人模式，加强实践教学基地建设。

　　自我国大学生社会实践开展以来，取得了显著成绩，青年大学生在社会实践活动中"受教育、长才干、做贡献"，不断完善自身综合素质，提升实践能力和专业水平。随着我国政治、经济、文化的不断发展，社会精神文明建设的不断深化，人们对大学生社会实践活动的形式和内容都提出了新要求。大学生社会实践活动作为课堂专业理论的进一步延伸和素质教育的重要载体，已成为当代大学生了解国情、服务社会、增长才干的重要途径和舞台，显示出蓬勃的生机和活力。

第一节　大学生社会实践概论

一、社会实践内涵探析

　　社会实践是马克思主义教育思想的重要组成部分，是全面贯彻党和国家的教育方针，培养社会主义事业合格人才的必要途径之一。社会实践是人类能动地改造自然和社会的全部活动，高校社会实践活动是对大学生进行的认识世界和改造世界的实践活动。大学生社会实践是理论联系实际的过程，是学期与假期、校内与校外、课外与课堂相结合的过程，是大学生了解社会、服务社会、贡献社会的途径之一，也是大学生增长知识、提高能力、全面发展的有机教育过程。

（一）社会实践

广义的社会实践是假期实习或在校外实习。社会实践对在校大学生具有加深对本专业的了解、确认适合的职业、为向职场过渡做准备、增强就业竞争优势等多方面意义。社会实践是实施素质教育的重要环节，毛泽东主席把实践简要地规定为"主观见之于客观的东西"[①]，这是从实践的矛盾本性出发对实践概念做出的科学定义。

所谓大学生社会实践，就是大学生按照学校培养目标的要求，有目的、有计划、有组织地参加社会政治、经济、文化生活的教育活动。普通高校大学生社会实践活动的范围既包括列入教学计划的军事训练、生产劳动、专业实习，也包括大学生利用假期组织的社会调查、参观考察、挂职锻炼、带薪实习、勤工俭学、科技文化卫生"三下乡"和青年志愿者活动等。

把握和理解大学生社会实践主要包括三个基本层次：一是把握大学生社会实践活动与人类社会实践活动的关系，即前者是后者的不可分割的重要组成部分；二是认清大学生社会实践是一种学习性实践、成长性实践和社会化实践；三是界定大学生社会实践在高等学校思想政治教育中的地位，即前者是后者的重要途径和重要环节，是检验高校思想政治教育效果的客观标准[②]。

（二）社会实践的特点

大学生社会实践活动作为大学生"受教育、长才干、做贡献"的重要形式，主要具有以下特点：

1. 理论联系实际

大学生社会实践既有高校教育的性质，又有社会教育的性质，是连接高校教育和社会教育的重要纽带。大学生通过参加社会实践，将第一课堂的理论知识和专业技能延伸到第二课堂，在第二课堂进行实践和转化，在实践中形成新的理性认知，并将理论知识转化为素质和能力，从而提升认识世界、改造世界的能力。

2. 社会化

大学校园是一个象牙塔，也是一个小社会，但它与现实意义的社会还有很大的差别。大学生走出校园、走向社会，是一个过程，在这个过程中需要必要的社会化准备作为过渡的前提条件，也是大学生转变角色、调整状态、适应社会的一个必要的过程。社会实践就是这个过程中的一个有效的连接点，它在不

---

① 毛泽东. 毛泽东选集：第 2 卷 [M]. 2 版. 北京：人民出版社，1991.
② 胡树祥，吴满意. 大学生社会实践教育理论与方法 [M]. 北京：人民出版社，2010.

断地强化这个过程，训练学生的适应能力，调整学生的状态，进一步提高学生对社会问题的思考和解决能力，培养学生积极投身社会实践，服务社会，奉献社会的思想观念和行为能力。

3. 制度化与规模化

在团中央的统筹协调下，我国高校已经将社会实践工作纳入培养方案和教学计划，给予学分要求，在制度上为社会实践工作给予了必要的保障，也对在实践中表现突出的集体和个人进行表彰和奖励，从激励制度上对社会实践工作给予了保证。按照"按需设置、据项组队、双向收益"的原则，各高校认真谋划，重点组队，分层实施，全国每年都有近百万大学生以集中和分散的方式参与实践活动，并在此基础上实现了人数的稳定增长。目前，全国各高校在组建重点团队、参与人数、实践成果和模范标兵等方面都形成了规模化效益。

4. 项目化与阵地化

近年来，团中央、全国学联在暑期"三下乡"社会实践活动中对实践内容进行项目化管理，鼓励各高校申报专项活动，实行项目化运作管理。如井冈山红色之旅专项计划、"一带一路"丝路新世界·青春中国梦专项行动、"圆梦中国"专项计划等。同时，各高校在校级层面和院系层面立足地方、面向全国，积极拓展实践渠道和平台，大力开展校企合作，利用实践搭建"产—学—研"链条，建立了一大批成规模、有影响、见实效的大学生社会实践基地，将社会实践活动落地生根，形成了良好的可持续稳定发展态势，定期组织大学生利用假期、周末和课余时间深入实践基地开展社会实践活动，得到了一大批实践成果。

5. 综合实践与专业学习深度融合

目前，我国大部分高校在组织社会实践活动当中，把"因材施教"作为一个重要的指标，即在社会实践活动策划阶段充分考虑学生的学科、专业、年级的特点，以专业能力和技能实践为导向，把训练和培养学生的专业能力放在重要位置，有针对性地确定社会实践的主题、内容和形式。若将专业教育从第一课堂延展至第二课堂，第一课堂的教学成效可以得到巩固和深化，让社会实践活动成为具有转化专业能力、挖掘实践潜力的重要途径。在具体的工作中，大部分高校会根据不同专业、不同年级的学生的专业水平和特点，组织专业教师进行指导，鼓励他们组建团队，带着科研课题开展社会实践活动，将社会实践活动与专业实习相结合。

（三）社会实践的意义

1. 促进大学生成长成才

第一，社会实践有助于大学生了解国情、了解社会，增强社会责任感和历史使命感。大学生参加社会实践体验社会生活，才能真正了解社情民情，感受书本知识与社会应用的差距，在实际锻炼中增强对社会的认识，缩小与校外社会的差距，应用所学所能更好地服务社会。

第二，社会实践培养大学生的综合素质。大学生从实践中学习，向人民群众学习，在实践中坚定理想信念，培育远大的奋斗目标和强烈的道德责任感，践行社会主义核心价值观，塑造健康的人格和构建和谐的人际关系，强化各种专业技能，注重心理品质的培养，运用在学校学习到的知识和在实践中总结到的经验，服务社会和人民。

第三，社会实践锻炼大学生的实践能力。社会实践活动是大学生把理论知识转化为实践的科学环节。在当前的高校教育中，大学生主要以课堂学习为主，而在课堂学习中所获得的基本上都是间接的、系统的理论知识，往往很难直接运用于现实生活中，因此大学生可以通过参加社会实践活动，弥补在课程学习和专业学习中的不足，把抽象的理论知识逐渐转化为认识和解决问题的能力。在社会实践中开阔求知视野，提升学习能力，优化知识结构，完善知识储备，真正做到在实践中有所认识，从而巩固所学的理论知识。

2. 推动大学生适应社会、服务社会的进程

社会实践活动推动着校外现实生活与高等教育之间的有效对接，凸显出高校面向社会、服务社会的能力。社会实践活动使大学生更广泛地接触社会、了解社会，不断地参与社会实践活动。大学生参加社会实践活动，能发现理想和现实的差距，并在实践中通过主观努力和榜样作用进行有意或无意的角色调整，从而认识到自己的社会角色和定位，更好地融入社会生活，找准自我定位，更好地适应社会，加快服务社会的进程。

3. 促进高等教育和地方建设的双赢化发展

大学生社会实践活动可以加强学校与社会的联系，有利于凝聚和动员社会各个方面的力量，加强和改进高校的思想政治教育工作，拓宽新形势下加强和改进思想政治工作的新路子，更加生动和直接地让大学生在实践中受到教育。相比说教式的课堂教学或讨论，利用社会实践开展思想政治教育更易让学生接受和信服。学生在实践中体会和感悟到的知识更能形成刻骨铭心的认知和记忆，从而让学生更理性、更智慧、更客观地认识世界，认识社会，认识我国当前的发展进程。

同时，社会实践活动也能给地方经济和基层建设带来一定的促进作用。大学生带着知识和热情深入基层、深入农村、深入企事业单位，把自己在课堂上学到的专业知识和技能贡献给地方建设和发展，为社会各方面的建设添砖加瓦，做出自己力所能及的努力，帮助地方、基层和农村解决一些现实困难和问题，促进社会和谐发展。此外，社会实践活动还能促进高校与社会单位交流、拓宽合作领域，及时调整课程设置、教育教学与社会要求不适应的项目，提高办学质量，实现双赢化发展。

二、社会实践育人功能

（一）完善大学生的人格

社会实践有助于大学生形成完善的人格，在现实的实践活动中认识自己，看到自己与社会需求之间的差距，看到自身知识和能力上存在的不足，从而比较客观地去重新认识和评价自我，逐渐摆正个人与社会、个人与人民群众的位置，产生一种紧迫感和危机感，让大学生在这个过程中潜心思考自身的发展问题，不断提高自身的素质和能力，以适应社会的发展。

在社会实践过程中，大学生会深化对社会主义核心价值体系和对新时代中国特色社会主义理想的理解和认同，这些思想的形成只有在实践中才能深入人心，内化于心。因此，大学生只能在实践中去领悟它，找到理论和实际的契合点，身临其境地体会和感悟以使自己的思想认识自觉从主观主义的桎梏中解放出来，从而理性地思考、分析问题，形成健全的、健康的、积极向上的人格品质和道德修养，促进自身发展。

（二）提升职业道德修养

想要培养良好的职业道德修养，离不开社会实践，只有在社会实践中不断磨炼，才能形成和不断提高自身的职业道德修养。高校注重对大学生的专业知识和能力的培养，而忽视了对大学生进行职业道德养成的教育。大学生在实践中不断动手、动脑、动嘴，直接和社会各阶层、各部门的人员打交道，培养和锻炼他们实际的工作能力，接受职业环境文化的影响和熏陶，按照职业道德基本原则和规范办事，在实践中进行自我思考、自我总结、自我教育、自我完善、自我提升，在实践中学会待人接物、为人处世，养成良好的职业道德品质。

（三）提高专业水平和优化知识结构

社会实践加强了大学生对理论知识的转化和拓展，加强了其对专业知识的理解，也增强了其运用知识解决实际问题的能力。首先，大学生以课堂学习为主要接受方式，某些在课堂上学到的知识是抽象的，不经过实践检验终究只是"纸上谈兵"，难以直接运用于现实生活之中。其次，社会实践使大学生接近社会和自然，获得大量的感性认识和许多有价值的新知识，同时使他们能够把自己所学的理论知识与接触的实际现象进行对照、比较，把抽象的理论知识逐渐转化为认识和解决实际问题的能力。同时，查找自身专业知识的不足，在实践中带着问题去学习，会更直观、更客观、更生动。最后，社会实践促进专业知识的创新，这种创新是建立在知识的积累、传播和转化的基础上的，实践可以有效地培养学生的创新精神和能力，推动学生创造性地解决问题，完成大学生知识与能力的系统集成和内化。

（四）培养大学生的社会责任感

大学生社会责任感的四大构成要素即责任认知、责任情感、责任行为、责任意志。这四者之间既有区别又有联系，并在大学生社会责任感的形成过程中融为一体。社会实践是培养大学生社会责任感不可或缺的途径和教育过程，在强化大学生社会责任认知、丰富大学生社会责任情感、引领大学生社会责任行动、增强大学生社会责任意志四个方面具有无法替代的重大作用。高校通过创新社会实践活动的载体和形式，拓展社会实践活动的领域，搭建社会实践活动平台，延伸社会实践"手臂"，发挥学校、家庭和社会的合力，培养大学生的社会责任感和历史使命感①。

社会实践能引导大学生树立社会责任意识，培养大学生承担社会责任的能力，实现大学生社会责任感的知行转化。在实践中培养大学生的公民意识、法治思维，使大学生树立正确的权利义务观念，正确履行公民应尽的责任和义务。同时，在社会实践中了解社会、了解国情，培养大学生对人民群众的情感，为他们履行社会责任提供情感基础②。

三、社会实践的影响因素

新时期的暑期社会实践不仅是指团中央倡导的暑期"三下乡"社会实践活动，还包括在校大学生以了解社会、服务社会、提升自身综合素质在内的所有活动。大学生暑期社会实践的重要意义和作用受社会、高校和个人态度等诸多因素的影响。

---

① 林侯，杨万红. 社会实践助力大学生社会责任感培养研究 [J]. 湖北科技学院学报，2015（6）：16.

② 王东维，胡建. 培养大学生社会责任感的三个维度 [EB/OL]. （2016-09-09）[2020-10-16]. http://edu.people.com.cn/n1/2016/0909/c1053-28702702.html.

（一）社会环境

社会环境影响着社会实践取得预期效果的程度。高校社会实践活动已经逐渐发展成为由社会、学校和大学生共同参与的一项社会系统工程。一方面，在这个系统工程中，社会实践活动不只是高校的工作，而且是一项能够充分调动相关社会力量和资源的社会性工作。另一方面，社会实践活动经过近40年的发展，已经逐步扩展和渗透到我国社会政治、经济、科技、文化等领域，成为大学生个体社会化发展的重要因素。

各高校的暑期社会实践活动要真正落到实处，做到广泛参与，除了与高校自身的重视程度和支持力度有关之外，还受基层政府、企事业单位和相关社会团体的影响。首先，社会组织的思想认识影响着社会实践的发展：社会组织对大学生社会实践的认识程度、认同感越强，就越愿意为大学生提供社会实践岗位和机会，如此则有利于促进社会实践的顺利发展。其次，社会力量的参与影响社会实践的效果：社会实践长效机制的建立需要稳定的实践基地作为资源和依托，实践基地的建设需要社会力量的支持与配合。如果社会力量愿意与高校合作共建社会实践基地，为大学生实践提供平台，利用本单位的资源为大学生社会实践建立相应的保障机制，则促进了社会实践的成果深化。最后，政府的政策导向促进社会实践稳步发展：政府相关部门结合实践活动发展的需要，认真制定出相关具有权威性、规范化的实践制度、社会保障体制和相关配套支持政策，让接受社会实践的社会组织没有后顾之忧，在保障其利益的前提下，推动社会实践活动稳步发展。

（二）高校因素

面对新形势、新任务，高校在大学生社会实践中起到了至关重要的作用。高校的培养目标和社会实践理念都会直接影响社会实践活动的发展。因此，高校在巩固现有成果的基础上，需正确把握社会实践活动的特点和发展趋势以促进大学生健康成长成才。

首先，高校的教学计划影响社会实践的开展效果。如果高校把大学生社会实践活动纳入整体教学计划，对社会实践的指导思想、方针原则、目标要求、形式内容、工作量计算、成绩考核和奖励办法等一揽子工作进行规范管理，使社会实践贴近学生实际发展的需求，做到规范化、程序化、制度化，则有利于促进社会实践的有序化和持续化的发展。其次，高校第二课堂建设力度影响社会实践的效果和质量。如果高校加强社会实践第二课堂的课程建设，建立完备的制度体系，把学生参与社会实践的情况与第一课堂的学分挂钩，可大大调动学生参与社会实践的积极性，提高参与率和社会实践的效果和活动质量。最后，高校实践内容专业化程度影响社会实践的质量。如果高校的社会实践活动能够围绕专业和科学研究来开展，让大学生在完成社会调研和实践活动的同时，结合专业思考问题，利用专业技能完成相应工作，形成一定的物质文化和精神文化成果，如此不仅有利于提升社会实践的发展水平，促进学生全面成长成才，还有利于促进当地的经济和文化建设。

（三）学生自身因素

大学生是社会实践的主体之一，他们影响着社会实践的开展进程和效果。如果大学生在社会实践中明确所学知识的性质和内容，将所学的知识服务于社会，那么就有利于检验自己所学知识以及锻炼自己。

第一，大学生的思想因素影响社会实践的发展。随着社会经济的发展，大学生对社会实践是否具有正确和客观的认知，会在很大程度上影响实践活动的开展效果的好坏。比如很多学生在暑假选择外出打工，赚取零花钱，而不愿意参加社会实践活动。同时，很多学校把社会实践评分纳入学生成绩评价，学生才被迫参与其中，从而出现学生在实践中心不在焉，对实践活动缺乏真正的热情的现象，这也违背了社会实践的真正目的和意义。因此，如果学生客观地认识到社会实践在自身成长中的重要作用和意义，主动投身社会实践、积极参与活动，则会促进社会实践的良好发展。第二，大学生的综合素质和专业能力影响社会实践活动的质量。出现与专业结合不紧密的情况大多是由于在校大学生理论知识不健全，无法对问题进行深入的了解和认识，缺乏专业的理论知识作为引导。同时，部分大学生很少接触社会，综合素质和能力有限，导致其对很多社会问题和现象缺乏理解和认知，这些问题都在一定程度上制约了社会实践活动的预期效果[①]。

四、社会实践在高校思想政治工作中的作用

大学生社会实践以"亲实践、重过程、长才干"为目标，将课堂中的理论内容融入实践活动中，用社会主义核心价值体系引领大学生思想政治教育，武装大学生的头脑，努力使当代大学生成为社会主义核心价值体系的深入学习者、坚定信仰者、积极传播者和自觉实践者，从而提高大学生思想政治素质和综合能力，是高校思想政治教育的重要任务。

（一）社会实践是思想政治教育工作的载体

所谓思想政治教育工作的载体，是指在实施思想政治教育的过程中，能够

---

① 黄钊坤. 高校大学生暑期社会实践活动影响因素探析 [J]. 职业教育，2016（12）：127.

承载和传递思想政治教育的内容或信息，能为思想政治教育主体所运用，促进思想政治教育主客体之间相互作用的一种活动形式和物质实体。作为思想政治教育有效载体之一，社会实践是根据高校培养目标的要求对在校大学生进行的有组织、有计划地深入社会、深入基层、深入群众，依靠社会力量完成的贯穿性思想教育，是思想政治教育中的又一个课堂。高校思想政治教育工作要高度重视社会实践这个有效载体在提高大学生思想道德素质中的地位和作用，充分发挥实践育人的功能①。

社会实践活动有利于扩大思想政治教育的受益面，有利于政治理论教育与实践教育的结合。社会实践活动要求全体学生积极参与，是让学生从不同的角度、不同的层次都受到教育，经历了活动的内容从单一到多样、活动主体从被动参与到主动投入的过程，从而形成了一个由量变到质变的发展过程，大学生的理论水平和综合素质在社会实践活动中也能得到进一步提高。

（二）社会实践是思想政治工作的有效途径

社会实践是大学生思想政治教育的重要环节，对促进大学生了解社会、了解国情，增长才干、奉献社会、锻炼毅力、培养品格，增强社会责任感具有不可替代的作用。大学生社会实践活动是我国高等教育的一项重要内容和教育形式，是课堂教学的有益补充，是新形势下学校思想政治教育的延伸，是贯彻党的教育方针，培养具有创新精神和实践能力的人才的重要途径之一。

社会实践有助于青年学生培养正确的人生观、世界观和价值观，有助于帮助学生加强理论联系实际，有助于大学生敬业精神的培养和促进德育教学改革，坚定走中国特色社会主义道路的理想和信念，增强爱国主义意识，磨炼坚忍不拔的意志品质和不懈奋斗的坚定毅力，为大学生成长成才打下坚实的基础。同时，社会实践还有助于大学生将个人志愿与祖国需要相结合，它是学校加强和改进对大学生的思想政治教育一种有效途径。

（三）社会实践是思想政治理论和实践教育的转换器

思想政治理论属于上层建筑，有较强的意识形态性。高校通过思想政治理论教育和教学引导大学生坚定理想信念，客观认识中国特色社会主义进程，培养学生爱党爱国、努力学习、奉献社会的优秀品质。思想政治理论的教育不能单靠课堂上的理论灌输，必须强化实践环节，让学生在实践教学中深刻理解思想政治理论的精髓和核心。因此，对实践方式的选择显得至关重要。社会实践就是一种非常好的方式，它让很少接触社会、对社会缺乏全面了解的大学生走

---

① 汪功伟. 社会实践：大学生思想政治教育的有效载体 [J]. 教育研究，2014（18）：29.

出校门，从鲜活的社会实践中学到知识，获得成长。从这个意义上说，高校通过组织学生参加社会实践，在实践教育中使学生将思想政治理论入脑入心，使大学生产生与国家、社会、人民命运息息相通的真实情感。通过社会实践贴近生活、贴近时代的实践方式所产生的积极效应是抽象思辨的课堂灌输模式所无法比拟的。

（四）社会实践检验思想政治教育工作的成效

社会实践既是思想政治教育工作的有效载体和重要抓手，又是检验思想政治教育工作成效的试纸。大学生在社会实践活动中的表现情况、完成任务的情况、在活动中的状态以及是否得到的锻炼和提升，都是高校思想政治教育工作是否有成效的评测指标。

新时期大学生的价值取向、思维方式和生活方式正在发生变化。大学生所参加的社会实践也扩展到了各个领域，从社会调查到企业实习，从教学辅助到社会服务，从文艺演出到定点帮扶，大学生社会实践在不断发展和创新，在新思想、新观念与传统观念的"碰撞"中，大学生对思想政治教育的认识也在发生新的变化，传统的思政教育显露出局限性，而社会实践与思想政治教育的结合是思想政治教育发挥巨大作用的一个环节。在进行社会实践的过程中，大学生受到潜移默化的影响，思想政治教育起到了积极的催化作用。因此，社会实践可以作为检验思想政治工作效果的标准①。

第二节　大学生社会实践现状及存在的问题

社会实践是大学生思想政治教育的重要途径，在高校的学生教育管理中具有日益重要的地位和作用。

一、大学生社会实践现状

目前，大学生社会实践活动在活动内容、组织形式、制度建设等方面都取得了突出的成绩。活动内容从初期的社会调查、勤工助学、挂职锻炼延续发展为大学生暑期"三下乡"社会实践活动、专业实习、社会调查、生产劳动、志愿服务、公益劳动、创业实践等，尤其以文化、科技、卫生"三下乡"社会实践活动为品牌项目，已成为目前高校大学生参加社会实践的有效载体和平

---

① 陈星. 大学生社会实践与思想政治教育 [J]. 考试周刊，2009（25）：46-47.

台。同时，大学生社会实践也开始出现以专业技能培养、实践经验积累为主的拓展活动。学生开始利用社会实践的机会进行行业现状调研、专业见习以及勤工俭学等工作。

（一）高校对社会实践重视度高

大学生社会实践是高校人才培养体系的重要组成部分，也是学校教学、科研、实践育人的重要支撑和社会服务的基础平台，旨在构筑思想引领、素质提升、能力拓展的实践育人项目，为帮助学生树立以社会主义核心价值观的价值追求和精神信仰，形成以厚重为核心的意志品质和创新能力，掌握以理论联系实际为核心的方法论来搭建平台。

近年来，各高校对社会实践的重视程度逐步提升。在组织形式方面，有高校集中组织学生参加社会实践，有地方组织返乡学生参加当地社会实践，还有高校与企业共同出资扶持开展实践项目，以及社会各界联合开展的志愿服务项目和大学生分散参加社会实践两种形式同时开展；在实践平台方面，各高校整合资源加大对学生社会实践的指导力度，与用人单位建设实践基地，拓展大学生社会实践的空间，延伸实践教育的"手臂"；在制度建设方面，大学生社会实践已经被纳入高等教育的教学计划中，成为共青团实施大学生素质拓展计划的重要组成部分，对社会实践进行学分管理，并对大学生参加社会实践的内容提出一定的要求；在师资力量方面，高校选派专业教师参与社会实践，如带着课题进行调研，给学生及时、有效的指导；在资金保障方面，许多高校每年都有专门用于资助学生参加社会实践的资金，为学生社会实践创造条件、提供便利。

（二）社会实践活动类型较多

大学生暑期社会实践活动类型非常丰富，参加人数多、社会接触面大，是一种十分重要的大学生实践活动形式。它主要有以下几个类型：

第一，科技、文化、卫生"三下乡"暑期社会实践活动。这种实践活动的内容包括政策宣讲、科技帮扶、文化宣传、法律普及、支教服务、环境保护、下乡劳动、亲情陪伴、医疗服务等。在实践中，大学生可充分发挥自身的专业知识技能，深入农村乡镇、田间地头、企事业单位广泛开展实践活动，并受到基层人民群众的欢迎和肯定。

第二，社会调查类实践活动。大学生应结合所学专业，对当前社会热点问题和焦点问题进行社会调查。在调研过程中，收集信息和数据，形成调研报告、论文和心得体会，为地方经济发展提供可行性建议和服务。

第三，勤工助学类实践活动。大学生利用课余时间，参加体力或智力活动，获取一定的报酬，来资助自己的学业。不少假期未回家的同学在学院的组织下开展各种各样的勤工助学活动。这不仅可以让他们更加了解社会，而且还解决了自身的生活需要，有利于培养学生自强自立、艰苦奋斗、吃苦耐劳的精神，也有助于减轻家庭负担，顺利完成学业。

第四，挂职锻炼类实践活动。学生在参加社会实践活动期间，可按照社会实践的教育要求，根据自身的条件和接收单位的资源，在该单位担任某项具体职务，比如担任乡镇团委书记助理、村支书助理、企事业单位干部助理等。挂职锻炼有利于学生在实践中体验职业人的工作情景，帮助学生转变角色，客观认识社会，了解国情。

（三）大学生参与社会实践积极性较高

大学生参与社会实践是大学生作为社会政治生活、经济生活、文化生活的一员，广泛地参与社会各种工作、劳动和服务，亲身感受劳动的意义和价值，通过接触社会不同阶层、不同角色、不同背景的人民群众，感知、体会和认识我国现阶段的国情，从而增加自己的生活积累，获得对社会物质文化、精神文化和制度文化的认知、理解、接受和深入思考。近年来，越来越多的大学生积极参与各类社会实践活动，在实践中成长，在实践中受教育，在实践中感受世界，在实践中提升能力。

（四）社会实践成果丰富

近年来，在团中央的发动和组织下，各高校社会实践成果较丰富，并围绕政策宣讲、科技支农、教育关爱、文化服务、爱心医疗等领域的实践活动设计了活动内容，确立全国重点团队，围绕党和国家工作大局，联合有关方面实施开展多个专项实践活动，如开展了以"千校千项"社会实践项目遴选为代表的实践项目评选活动，并逐渐形成了活动品牌，取得了良好的成绩，产生了显著的经济效益、社会效益和人才培养效益，形成和凝练了一批当代青年学生受教育、长才干、做贡献的品牌项目，成为推动经济社会发展的积极力量，成为加强和改进大学生思想政治工作的重要途径。

当前，大学生社会实践要常抓常新，坚持不懈推进社会实践系统化、规范化、科学化开展。要切实增强大学生社会实践的针对性和实效性，抓准时代脉搏，贴近群众、贴近基层、贴近一线、贴近实际。组织大学生广泛开展形式多样的社会实践活动，引领广大青年学生坚定信念跟党走，服务基层，奉献社会，把自身的专业知识和学业本领转化为服务人民、服务社会、服务国家的实践行动，深入党和国家事业需要的领域，深入祖国和人民需要的地方，建功立业、继续奋斗，为祖国的发展做贡献。

二、大学生社会实践存在的问题

（一）运行机制有待完善

总体来说，高校的社会实践体系、保障机制还不够完善。部分高校还缺乏统一的有效管理，在组织结构、评价制度、工作落实等方面仍不够完善，学校发挥的作用不够充分。虽然表面上社会实践活动开展得轰轰烈烈，但就其运行机会机制而言，还是存在诸多问题。

首先，社会实践的运作程序不规范，一般都是由校团委组织实施，未能充分发挥其他职能部门的优势，形成社会实践的最大合力。从活动安排、组织实施到成果统计，全部由校团委一抓到底。但是随着学校学生人数的增加，校团委无法确保全校社会实践工作的质量，就会出现号召多、具体组织较少的情况。其次，学校对学生以及指导教师参加、指导社会实践缺乏科学、规范和可供操作的评价考核体系等。有的学校虽然组织了一些社会活动，也制订了计划，但没有配备专业的指导教师，从而导致社会实践效果不好。虽然学校团组织会采取评比优秀个人和优秀指导教师的做法，但在实际操作过程中，也会出现把关不严的情况。许多高校并没有为指导社会实践的教师计算工作量，导致专业教师参与社会实践积极性不高，从而不利于社会实践活动长期稳定发展。再次，部分社会实践活动中甚至出现弄虚作假、抄袭调研报告或心得体会、胡乱盖章出具证明函的情况。最后，社会实践活动缺乏稳定的保障体系。大学生社会实践需要经费保障，而多数高校用于社会实践的经费往往是杯水车薪，难以满足广泛地开展社会实践活动的需要，这也是制约社会实践活动开展的主要因素。

（二）工作流于形式，针对性不强

首先，社会实践活动的专业针对性不强。高校大学生社会实践采用的模式一般为校团委根据上级共青团组织的文件要求，结合各高校实践活动实际，向全校发放大学生社会实践通知，各学院团组织根据通知，并结合相关文件和实施细则安排工作，这就造成各院系大学生社会实践工作无法结合本专业情况有针对性地开展，社会实践流于形式[①]。其次，缺乏相关引导。大多数高校对还未走出过"象牙塔"的大学生引导缺位，这种没有正确思想意识做指导的实践只会是盲目的实践。再次，过于注重宣传，偏离实践主旨。部分高校非常强调舆论宣传，并把这项指标作为基层团组织考核工作业绩的重要加分项，从而

---

① 陈建名，李晓兰. 以社会实践为载体推进高校思想政治教育工作：以东北林业大学为例 [J]. 学术交流，2012（S1）：154-156.

忽视了社会实践在活动中育人的功能。最后，考核制度不完善、不科学。无论是集中组队还是分散实践，大多数高校在考核实践项目效果的时候，是结合成果统计表、社会实践调研报告、有代表性的图片和视频资料、公开发表的论文、实践地开具的感谢信和证明材料等进行的，难免会出现考虑不全面的情况。由此可见，学校在考核评价实际操作过程中，大多用"一把标尺量到底"，没有针对性地根据不同专业、年级区别考核，这就影响了社会实践的作用和效果，也导致部分学生对社会实践的积极性大打折扣。

（三）部分师生重视度不高

首先，部分高校领导思想认识不到位。有的高校领导认为社会实践工作相较于学校发展、学科建设、安全稳定、招生就业、科研水平等工作而言，重要程度不够，从而对社会实践工作不够重视，给予其资源相对较少。其次，专业教师参与社会实践的积极性不高。部分高校没有对专业教师指导学生参与社会实践给予一定的政策和资金支持；同时专业教师自身也对社会实践在育人工作中的重要性认识不到位，因此缺乏足够的责任心和能动性，影响了他们参与指导学生社会实践活动的工作。最后，部分大学生主体意识不强，思想认识不到位。例如，有的学生把实践活动当成旅游，工作态度不端正，走马观花、浅尝辄止，在实践活动中就拍拍照、写写字，与其说是参加社会实践，不如说是来游山玩水，使社会实践丧失了本来的意义和功能。

（四）实践环节和教学环节脱节

当前，我国高校在社会实践过程中普遍存在教学理论与实践环节相互脱节的现象。首先，部分高校还存在重课堂教学，轻实践能力的培养思想。教学和实践两张皮脱节，课堂上学的理论知识在实践中无法应用，也就无法内化为自身的素质和能力。其次，教学内容与社会发展脱节。有的课堂教学内容比较陈旧，讲的还是过去的原理、理论和技术，课堂上的案例也比较久远，这导致学生学习到的知识已经不能适应社会的发展和时代的进步。最后，社会实践活动与理论知识脱节。部分社会实践活动未能充分体现学生专业特点和知识结构特点，实践内容仍停留在政策宣讲、调查访问、文艺演出、生产劳动等初级阶段，缺乏专业性，无法满足不同专业、不同个性特征的学生的需要，导致实践效果不突出①。久而久之，社会实践活动必然与社会发展相脱节，导致社会实践活动无法得到社会的支持和资助。

---

① 范珊珊. 浅谈新时期大学生社会实践长效机制的构建 [J]. 科技信息，2013（21）：238.

第三节　大学生社会实践创新与探索

目前，针对大学生社会实践的现实意义、现实状况、活动模式、运作机制等方面的研究成果相当丰富，但对于具有特色化和创新价值的大学生社会实践运行模式的探索与研究则稍显薄弱。高校可以依据本校大学生社会实践活动的既往经验，结合办学特色、专业设置和学生特点，整合学校教育教学资源，以全面育人为根本宗旨，切实注重理论与实践相结合，提高实效与开拓创新相结合的原则，不断探索大学生社会实践教育体系和运行机制。

一、健全和丰富社会实践教育体系

大学生社会实践教育体系依托地方资源，通过大学生自身的体验和认知，实现由知识到能力，由理论到实际，由学习到创新的内化和提升过程，使学生在实践中体验和丰富生活，加深对理论知识的理解和认识。

（一）课程体系建设

高校在加强理论教学同时，可开展辅助性实践教学课程，它是课堂教学，即第一课堂的重要组成部分和补充，是巩固理论教学成果的重要环节。

首先，制定社会实践学分的管理办法，推动社会实践持续化、常态化。将社会实践纳入学校的学分评定体系，学生获取学分可通过学校社会实践领导小组认证并取得学分，而且四年内参加活动取得的学分可以累计，修满即可，超出学分可以冲抵部分通识课学分。其次，采取理论教学与实践教学"双轨运行"模式，突出强调"知识+技能"的教学理念。调整理论教学与实践教学的时数安排，提高社会实践学时的占比。再次，实践单位参与人才培养方案设计。高校可邀请实践单位、专业领域、行业内的一线专家参与人才培养方案的设计，在充分论证的基础上，根据人才培养目标需要，精心设计各类实践课程及实践教学环节，编写实践教学大纲，形成各专业的实践教学体系。最后，制订科学合理的实践教学计划，激发学生学习的热情，规范实践课程的组织管理，保障社会实践各项工作健康、良好的推进并取得实效。

（二）活动体系建设

高校要积极拓展领域、丰富形式，开展丰富多彩的社会实践活动，促进大学生成长成才。实践活动的内容既要满足学生个性发展的需要，还要满足社会发展的需求，同时强调学生的亲身经历，要求学生积极参与各项活动，在体验、考察、观察、调研、服务、科研等一系列活动中发现和解决问题、体验和感受生活，提高大学生的实践能力和创新能力。

高校要积极探索、把握新形势下社会实践活动的特征规律，使其在内容、形式、深度、广度上不断发展，呈现出多层次、多方面、多模式协调发展的趋势。首先，从活动规模上，要多组织班级、院系级、校级等团队型、区域性大规模集中实践活动。在学生和专业教师中要广泛动员，鼓励和组织其参与活动。其次，从活动内容和层次上，要多组织学生发挥专业优势，开展科学研究、技术服务、定向扶贫、产品开发、环境保护、挂职锻炼、知识培训等活动。最后，从活动载体上，高校要加强大学生社会实践基地建设，积极探索校企联合，形成"产学研"联合发展的培养模式，有计划地建立一批稳定的社会实践基地，不断拓展实践平台，延伸实践"手臂"，固化实践成果。

（三）保障制度建设

社会实践活动是全面提高大学生素质的重要方式，高校应建立相应的保障机制，探索实践育人的长效机制，保证社会实践活动正常有序地开展。

首先，健全社会实践的经费保障体系。大学生社会实践活动的开展有很多形式，而每种形式都需要相应经费来保障，因此高校必须设立专项资金来保障社会实践活动的开展，并加大活动经费的投入力度，同时多渠道地筹集资金，以便对学生的社会实践在指导教师、活动组织、活动表彰等方面给予充分保障。其次，建立社会实践的激励保障体系。高校通过建立完善的激励制度，可以对大学生参加社会实践活动起到量化和刺激的作用，可以开展评比社会实践的成果以及活动评优评奖的环节，从而激励实践行为，强化实践动机，实施榜样引领作用，激发教师和学生的主观能动性，保障社会实践活动的实效化。最后，健全实践管理制度体系。高校要建立一套完整的管理制度体系来保障大学生社会实践顺利开展。可成立由校团委、学工部、教务处、宣传部等部门牵头组成的社会实践领导小组，统筹规划学校的社会实践工作，逐步建立并完善相关的社会实践管理办法等制度，切实把社会实践管理工作纳入制度化轨道，保证社会实践活动组织实施的高效率、高质量。

（四）评价体系建设

大学生社会实践活动作为高校思想政治教育工作的一项重要内容，广受关注。当前，高校日益重视大学生社会实践活动，并不断加强投入力度，但其实效性评价仍相对欠缺，建立大学生社会实践实效性评价体系关系到高校资源的合理利用，更关系到大学生的培养质量。

首先，实现对社会实践活动的追踪。高校要整合资源，加大力度对社会实践活动进行全程追踪，实施每日零报告、简报、宣传报道、总结汇报等方式，第一时间了解社会实践活动的组织、开展和成效，为实践结束后的评优评奖提供数据和资料的支撑。其次，加强对社会实践的监督。高校应积极与实践单位、带队教师、实践所在地政府部门取得实时联系，指导、监督社会实践的开展，对实践活动中存在的问题及时进行纠正，保证实践活动健康、有序、良好地开展。最后，强化模范引领效应。高校应该在社会实践结束之后，对在实践中表现突出的个人和集体进行表彰，并从中树立典型，在校内广泛宣传，引导和号召广大学生向他们学习，营造良好的"比学赶帮超"的学习氛围。从另外一个层面来说，也可以让受表彰的个人和集体再接再厉，以更加饱满的精神状态投入社会实践工作，激发青年学生参加社会实践，从而锻炼个人能力，提升综合素质。

二、创新社会实践运行机制

当前，我国高校的社会实践运行机制在"组织、参与、组队、实践"四大形式、"宣传、激励、检查"三大机制和基地建设上有许多特点，形成了一批成果。但与此同时，也存在着工作机制不健全、大学生认识不足、实践内容和形式单一陈旧、社会支持系统不完善等其问题，故高校应该加大力度创新社会实践运行机制，更好地组织、开展社会实践工作，保障活动成效，固化活动成果。

（一）产学研相结合的运行机制

产学研合作教育是促进科技成果转化和高新技术产业化的重要途径，高校可以产学研一体化的运行机制为理论依据，创新性地开展社会实践工作，鼓励学生在实践中运用专业知识，促进理论向实践的转化，促进知识向生产力的转化，形成一批有影响力的社会实践品牌项目和科研成果。

首先，按照"双向受益，互惠互利"的合作原则，促进社会实践和服务地方经济建设有机结合。高校应善用地方经济政策和社会教育资源，聘请企事业单位专家、专业人士与校内教师一起指导大学生开展社会实践活动，整合社会教育力量共同推动大学生社会实践发展，帮助大学生社会实践活动取得显著的人才效益、经济效益和社会效益[①]。其次，尽力争取政府投资。高校要加强与地方政府各职能部门和机关事业单位的交流合作，充分挖掘自身发展与农村经济社会全面发展的结合点，积极组织策划能为新农村建设做出更大贡献的服

---

① 范珊珊.浅谈新时期大学生社会实践长效机制的构建［J］.科技信息，2013（21）：238.

务项目。再次，倡导全社会参与。高校要积极、主动联系所在属地的爱心企业、相关基金会和社会机构，整合社会资源，共同为大学生社会实践活动以及城乡平衡发展、地方经济建设助力①。最后，整合资源开展科学研究，形成科研成果。高校应与专业实践、实习基地建立长效合作的友好关系，在开展社会实践活动的同时，应结合学生专业特点，组织学生参与实践地的调查分析和科学研究，在专业教师和实践地专家学者的指导和带领下，形成一批科研成果，把社会实践的育人功能同专业理论学习结合起来，全面育人、全过程育人。

（二）基地化、项目化、社会化的运作机制

我国地域广阔、人口众多，社会实践的空间十分广阔。近年来，高校开始积极拓展和延伸社会实践的渠道和"手臂"，引入基地化、项目化和社会化的管理理念，鼓励和支持社会各方面参与，希望以此进一步提升志愿服务专业化、科学化和常态化水平。

首先，积极开展校企、校地合作共建社会实践基地。高校可积极利用政府资源和项目，吸引社会力量参与，积极开展与地方政府相关部门和企事业单位的合作，共同建立社会实践基地，整合和利用基地资源，组织学生到实践基地开展专业实习、调查研究或者挂职锻炼，把社会实践活动固化到实践基地，形成可持续化常态发展。其次，积极拓展服务领域，促进社会实践项目化、品牌化发展。高校可结合社会实践发展现状，在现有品牌活动的基础上，结合专业特色，促进社会实践活动项目化。再次，积极搭建多渠道、社会化的运作机制。高校可以积极利用地方资源，整合社会力量和资源，给社会实践活动带来一定的资金和力量保障。比如，重庆工商大学积极和重庆市南川区政府合作，开展社会实践整体打包的运作模式，每年组织20余支重点团队深入南川区各个乡镇村和街道，同时积极与当地企事业单位开展合作，结合学生专业特点开展实践活动，从高校单一投入转变为社会多方参与的大格局。最后，积极参与政府购买服务的项目。高校可积极参与当地政府以购买服务的方式组织的社会实践项目，并通过评审立项、追踪服务、评估审计的程序确保每个项目、每一笔钱都专款专用。这种方式在一定程度上缓解了高校社会实践活动的资金压力，推动其良好发展。

（三）服务社会和实践育人相结合的良性发展机制

习近平总书记在全国高校思想政治工作会议上的重要讲话强调，要重视实践育人，坚持教育同生产劳动和社会实践相结合，广泛开展各类社会实践，让

---

① 王左丹.大学生暑期社会实践长效机制构建探析［J］.思想教育研究，2014（3）：19.

学生在亲身参与中认识国情、了解社会，受教育、长才干。高校要始终坚持实践教育与理论教育相结合的做法，鼓励青年学生自觉参与社会实践活动，让学生了解社会、砥砺意志、增强社会责任感，并以自己的实际行动承担社会责任，积极回报社会，实现服务社会和实践教育相结合的良性发展机制，为地方经济、文化、社会的发展贡献青春力量。

首先，高校要抓好实践育人工作，要建平台、建机制。高校要高度重视社会实践的育人功能，为社会实践建立完善的长效激励机制、资金保障机制、组织管理机制和产学研共建机制等，保障社会实践的育人效果，把政策落到实处。其次，高校要树立社会实践的品牌，结合高校社会实践传统特色和学科专业特点，推出一批有影响力的文化成果，以榜样的力量鼓舞人、影响人和带动人。例如，华中农业大学精心编创话剧《牵挂》，真实再现了青年学生们在社会实践中的真情、真心、真爱。该剧先后在湖北剧院、国家大剧院等公演50余场，以艺术创作的方式，把社会实践的理念和意义传播出去①。再次，要把服务社会落到实处。高校要让学生在社会实践中"受教育，长才干，做贡献"，在实践中领会和应用在第一课堂中学习到的专业知识和技能，把服务社会，贡献青春力量落到实处，在实践中虚心向人民群众学习，利用专业知识为基层服务，力所能及地解决现实问题，为人民服务。最后，高校还要指导和培养大学生掌握专业技能，帮助学生提升职业素质、增强创新能力，在实践中践行社会主义核心价值观，坚定理想信念，把自身发展与国家建设结合起来。

三、优化社会实践育人机制

社会实践活动是高校为国家培养人才的有效方式和途径，高校承担着立德树人、全面育人的责任。要想发挥和实现教育实践的育人作用，就必须在社会实践活动过程中不断探究和优化育人机制，强化社会实践育人机制的运作模式，为社会实践活动育人机制的发展探索有效路径。

（一）激发学生主体意识

任何教育活动，如果没有发挥主体的积极性，就不可能达到预期目的。社会实践的工作对象是青年大学生，他们具有性格多样、变化快等特点，因此社会实践的组织工作必须有的放矢、与时俱进。高校开展社会实践工作应当紧密结合青年学生的实际需求、成长特点和专业特点，强化组织和引导作用，充分

---

① 李忠云. 坚持立德树人 打造社会实践育人特色 [EB/OL]. (2017-02-13) [2020-10-11]. http://hnxb.hzau.edu.cn/info/1011/1151.htm.

尊重青年学生的实践主体地位，服务青年学生日益增长的多样化需求，不断推进社会实践工作向前发展①。例如，北京科技大学的"北科大模式"社会实践育人机制，就包括了教育对象、育人目标、育人理念、宏观育人政策与课程执行、育人结果等关键节点，其中特别强调了学生在这个系统中的主体作用，明确了"教育为了学生、教学依靠学生、实践成就学生"的指导思想②。

首先，高校要树立以社会实践培养创新性人才、实现青年价值引领与服务社会的育人目标，明确以学生为本、以学生为主体的社会实践育人模式。要关注学生感兴趣、有想法的方面和社会热点问题，有针对性地组织和策划社会实践活动内容。其次，帮助学生树立信心，端正学习态度。高校要积极关注学生在学习、生活和工作等方面的表现，通过行之有效的手段教育、引导和培养学生养成良好的学习习惯和浓厚的学习兴趣，激发学生把充沛的精力投入社会实践当中，调动学生的积极性、自觉性和主动性，要让学生意识到社会实践不仅能够培养他们运用所学专业知识发现、分析和解决问题的能力，还能培养他们多方面的社交能力和实践技能，把被动参与社会实践活动转变为主动地想要参与。最后，结合专业特点，培养学生参与实践的自信心。高校可在日常的思想政治教育工作中结合心理健康教育，帮助青年学生树立投身实践活动的自信心，引导学生在实践中将专业理论知识转化为能力和素质，充分认识到社会实践是一个由学习知识到运用知识的过程，也是一个熟练掌握生存技巧和职业技能的过程，从而缓解大学生因为自身综合素质不强而产生的自卑感和紧张感，给予一定的肯定和鼓励，重建学生学习的信心，解决大学生心理问题，帮助其健康成长。

（二）鼓励专业教师指导实践活动

高校在开展社会实践活动的时候，常会面临专业教师参与活动积极性不高的情况，这就要从政策上予以保障，给予一定的激励政策，鼓励和发动专业教师积极投身于大学生社会实践活动指导工作，充分发挥指导教师作用，使教师通过言传身教的方式将专业知识传授给学生，促进学生成长。

首先，建立社会实践考评制度，将其与专业教师个人发展挂钩。建立激励机制的关键是使各项激励措施规范化、制度化，并形成文件，保证各方面按照具体要求执行。高校可将专业教师指导社会实践的工作内容进行量化，冲抵其

①　胡学俭，栗成良，齐宪磊.建立社会实践的长效机制，丰富和完善实践育人体系 [J]. 内蒙古农业大学学报（社会科学版），2007（5）：114.

②　李薇薇.高校社会实践育人机制的建构：基于北京科技大学社会实践育人模式的分析 [J].思想教育研究，2017（7）：27.

课时量或者科研量，将其每学期完成的社会实践指导工作量、工作效果与个人经济利益挂钩，从而激发专业教师投身社会实践指导工作中的热情和主观能动性。其次，充分发挥专业教师的理论与专业技术优势，提升社会实践效果。高校教师是大学生思想政治教育工作的组织部分，专业教师在实践中要起到表率作用，从而优化对学生的教育效果。在面对一些专业技术性问题或者难题的时候，要充分发挥指导教师理论深厚、专业突出的优势，将示范指导与启发引导相结合，增强学生在实践中独立分析问题和克服困难最终完成工作的能力，延伸理论教学"手臂"，凸显实践教育优势。最后，鼓励专业教师既要参与实践，又要引领实践。专业教师是社会实践活动的参与者，贯穿活动的整个过程。此外，高校要对专业教师进行培训，牢固树立他们在社会实践工作中的引导意识，要求专业教师加强对学生活动方式与方法的指导，与学生一起找到适合的学习方式和实践方式，重在激励、启迪、点拨、引导，鼓励专业教师带着自己的课题深入基层，组织和指导学生在实践中完成市场调研和论文撰写，形成有价值的实践成果。

（三）发挥模范典型的榜样引领作用

宣传、表彰和号召学习模范和典型，是造就和树立模范典型的需要。社会实践是第二课堂的重要内容，也是第一课堂的有效补充和延续，学生在第二课堂实践第一课堂的理论知识，并通过第二课堂把知识转化为自身的素质和能力。对于部分学生被动参与实践应付老师，走个过场等这种真实存在的现象，高校可以利用选树典型的方式来引领青年学生积极投身于实践活动中，用榜样凝聚力量，用模范引领行动。

首先，要发现和挖掘社会实践活动中的先进典型人物和事迹。高校在社会实践过程中，要留意和观察表现优秀的学生，注意收集他们的先进事迹，在实践结束后对他们进行表彰，并号召全体学生学习身边的典型。利用榜样的作用，在实践中引领青年学生向榜样靠近，以榜样为目标。其次，高校要培养造就一批社会实践的典型模范。在社会实践过程中，高校要有意识地对学生进行教育和引导，培养他们吃苦耐劳的精神和坚忍不拔的意志，对在学校表现优异、综合素质较高的学生进行培养，鼓励他们在实践中做出表率、做出实效，交出一份令自己满意的答卷。简单来说，高校不但要发现先进典型，还要塑造先进典型，鼓励学生成为先进典型。最后，高校要对先进典型和模范进行广泛的宣传和表彰。高校在挖掘和塑造出一批社会实践中的典型人物之后，需要扩大其影响力，发挥其在更多青年学生中的示范和带头作用，就需要广泛地进行宣传和表彰，让大家了解他们的事迹、学习他们的事迹，在他们的事迹中收获感染、得到感悟、受到教育，用榜样的力量号召更多的青年学生在实践中锻炼和成长，为社会做出贡献。

（四）线上线下传播社会实践活动成果

随着移动互联时代的到来，社会各个组织都在探索"互联网+"环境下的工作模式，纷纷抢占"两微一端"制高点，以改变信息的传播方式，在新时期保持自身竞争力。高校社会实践工作也不例外，它需要依托互联网阵地，依托"两微一端"建设，利用网络资源，传播社会实践活动成果，扩大社会效应，引发社会关注，推动社会实践工作更好的发展。

第一，形成一批有视觉冲击力和影响力的实践成果。高校在学生的社会实践结束后，可鼓励他们利用专业知识，制作一批实践宣传材料。比如宣传展板、宣传画册、摄影作品、视频短片、音频资料、调研报告、论文集和专著等，以此来宣传和传播社会实践中取得的成果，固化社会实践品牌，扩大社会效应，同时也可组织社会实践团队组成宣讲团，深入相关组织进行宣讲和演出。第二，利用互联网资源传播社会实践成果。高校要强化互联网思维、新媒体意识，积极构建以网络为平台的社会实践工作新格局，把微博、微信、手机客户端等作为实践工作的新载体，在青年学生、专业教师、实践单位中实现"共建""共享""共创""共赢"的社会实践工作新平台。利用互联网传播速度快、内容丰富、形式新颖、画面冲击力强的特点，让社会实践在每个青年学生心中生根发芽，开花结果。

第七章　家校联动教育

第一节　家校联动教育理论概述

家校联动是当今世界各国基础教育研究和学校教育改革的重要领域，也是教育发展的重要趋势，泛指家长在子女教育过程中，与学校一切可能的互动行为①。美国约翰斯·霍普金斯（Johns Hopkins）大学的爱普斯坦教授把家校联动的范围扩展到社区，建立了"交叠影响域理论"，指出家校联动是学校、家庭、社区合作，三者对孩子的教育和发展产生叠加影响的过程②。苏霍姆林斯基说："若只有学校没有家庭，或只有家庭没有学校，都不能单独承担起塑造人的细致、复杂的任务。"家庭教育在一个人的一生中都起着举足轻重的作用，特别是在人生"三观"形成的重要阶段，家人的关爱、亲人的呵护能起到"润物细无声"的作用。

一、家校联动教育的意义

弗兰克·利斯曼（Frank Riessman）认为，当前家校联动中，家长本身（包括文化水平、教育传统等）是造成家校联动不力的主要原因③。由此形成了家校之间"分工而不合作"的现象，家长必须面对现实，退缩或者对学校

---

① 刘倩姝. 关于高校家校合作的调查研究：以济宁市高等学校为例 [D]. 曲阜：曲阜师范大学教育科学学院，2010：2-11.

② 严平. 家长委员会如何推动现代学校制度建设？[C] // Proceedings of 2010 Third International Conference on Education Technology and Training：Volume8. Wuhan，China：Hubei University of Technology，2010：4.

③ Frank Riessman. The Culturally Deprived Child：A New View [J]. Education Digest，1963 (8)：8-12.

工作采取"不合作"态度，将无助于子女达到他们期望的学业成就①。

（一）家校联动体现马克思主义人文思想

马克思主义、毛泽东思想、邓小平理论、"三个代表"重要思想、科学发展观和习近平新时代中国特色社会主义思想是我党的指导思想，更是为我国建设中国特色社会主义指明了方向。因此我国的高校教育也是以此为理论指导和方向，使高校学生能够树立正确的世界观、人生观、价值观，成为符合我国社会主义建设需要的人才。人自由全面的发展是共产主义的核心内容，更是马克思主义三个组成部分的实质内容。我国为建设中国特色社会主义，一直坚持"以人为本"，我们所探讨的高校思想政治教育中的家校联动就是将其作为体现"以人为本"思想的一种思想政治教育的途径，引入高校思想政治教育活动中，着眼于以学生个体作为教育对象，通过提高个体进而带动整体来提升教育效果。家庭教育所面对的个体是学生，他们的需求因人而异，同样的教学内容取得的效果也不尽相同。家庭若是能充分发挥其本身所具有的优势，通过家长自身的言传身教，令学生感同身受，教育效果也会有所提升。家长们通过学校组织的各种形式的活动参与学校的教育教学管理，也会将不同学生个体的需求和特点反馈给学校。充分了解和掌握不同学生的成长经历和心理需求，并在多个个体中寻到共性，会使高校的思想政治教育工作开展得更为科学和顺利。

（二）家校联动是新时代高校思想政治教育环境的需要

高校思想政治教育的对象是在校大学生，他们的生存和发展离不开社会环境，更离不开高校的教育环境。教育环境对高校学生思想政治教育活动的开展、组织、效果等都有着非常重要的作用。马克思明确指出："有一种唯物主义学说，认为人是环境和教育的产物，因而认为改变了的人是另一种环境和改变了的教育的产物——这种学说忘记了：环境正是由人来改变的，而教育者本人一定是受教育的。"②他的观点是环境的改变和人的活动的一致，只能被合理地理解为变革的实践。通过这段话，我们不难发现人与环境之间的关系是互相作用、互相创造。人类创造环境的同时，环境也在改造着人类。从"孟母三迁"的故事中我们都能够感受到教育环境确实对人有很大的影响，特别是对处于世界观、人生观、价值观形成时期的在校大学生而言，更有着非常重要的影响作用。随着时代和社会的不断发展，新时代下的青年道德观念也在不断

---

① 黄河清. 家校合作导论［M］. 上海：华东师范大学出版社，2008：53-54.
② 马克思，恩格斯. 马克思恩格斯选集：第1卷［M］. 北京：人民出版社，1995：59.

地变化，因此不论是作为受教育者还是作为年轻的思想政治教育工作者，都会对思想政治教育的教学环境产生巨大的影响，从而创造出适应时代发展的新思想政治教育环境。事实上，高校思想政治教育环境主要是指学校自身的教育环境。但是很多高校对高校思想政治教育工作的认识不足，重视度不够，或者过于重视学术成就而忽视思想政治教育的重要性，导致一些值得我们深思的现象和问题出现，这就需要我们正视大学生在成长过程中出现的各种问题，寻求正确的途径帮助其解决。

社会飞速发展，高校大学生作为国家和民族的未来和希望，其思想进步程度需要跟上社会发展变革的脚步，这不仅有利于大学生自身的进步，更有利于社会和国家的发展。高校作为大学生成长、成才的重要教育场所，高校的思想政治教育对"三观"尚未成熟的大学生来说有着举足轻重的作用。因此，如何创造更适宜的思想政治教育环境来达到更好的教育效果也就显得尤为重要。大学生们在高校这样的教育环境中学到的不仅是知识，更重要的是学会如何做人、如何立世、如何更好地调整和丰富自己，以适应即将到来的社会生活。若想在这方面取得实质性的进展，大力开展家校联动教育，创造更为适宜的教育环境是一条非常可行的路线，这也是当今高校思想政治教育环境创新的需要。对每一个青少年来说，最为根本的成长环境是家庭，家庭教育和家庭成员的道德水平、文化素养都对青少年有着潜移默化地影响，这也在一定程度上决定了其未来思想发展的走势，并对青少年确定自己的世界观、人生观、价值观具有不可忽视的意义。将潜移默化的家庭教育与教育资源丰富的学校教育有机地结合起来，必然会创造出一个更加完整、更加适合学生成长的教育环境。

（三）家校联动是提升高校思想政治教育效果的有效途径之一

苏联教育家苏霍姆林斯基曾发表过关于家校联动的观点。他表示："教育的效果取决于学校和家庭的教育影响的一致性。如果没有这种一致性，那么学校的教学和教育的过程就会像纸做的房子一样倒塌下来。"① 由此，我们不难看出，家校联动对高校思想政治教育效果有着其举足轻重的作用。

在我国，家校联动教育更多被应用于中小学，该课题在高校中开展并研究起步较晚，且由于各种主观和客观的原因存在，高校的思想政治教育工作更多倚重于学校教育。一方面，由于大学生多已成年，家长们普遍认为无须像以前一样给予过多的关心和关注；另一方面，老师和学生将主要重心放在了学业

---

① 蔡汀，王义高，祖晶. 苏霍姆林斯基选集［M］. 北京：教育科学出版社，2008：11-12.

上，而忽视了思想政治教育，导致有些高校的思想政治教育工作内容空泛、形式呆板，无法激起学生的学习热情。毋庸置疑，这样缺乏改革和创新的教育方式是无法取得良好的教育效果的，而学校教育对此的忽视也很容易引起对家庭教育的轻视。因此，若想真正提升思想政治教育的效果，提升各界对此的重视度，更为重要的就是要对现有的教育途径和环境进行改良。不管是学校教育还是家庭教育，都要对此重视起来，正确认识其重要性和必要性，才能最大限度地发挥不同教育的不同功能。在此基础上，还要将这两种极为重要的教育方式结合起来，以学校教育正确引导家庭教育，以家庭教育积极辅助、配合学校教育，形成教育合力，才能最大程度地提升高校思想政治教育工作的效果。

（四）当今社会现实对家校联动提出新的要求

《中共中央国务院关于进一步加强和改进大学生思想政治教育的意见》指出，大学生是十分宝贵的人才资源，是民族的希望，是祖国的未来。加强和改进大学生思想政治教育，提高他们的思想政治素质，把他们培养成中国特色社会主义事业的建设者和接班人，对于全面实施科教兴国和人才强国战略，确保我国在激烈的国际竞争中始终立于不败之地，确保实现全面建设小康社会、加快推进社会主义现代化的宏伟目标，确保中国特色社会主义事业兴旺发达、后继有人，具有重大而深远的战略意义。据此可以看出，不断发展变化的社会也给高校思想政治教育工作提出了新的要求，并且对我国大学生的思想政治教育工作给予了高度的重视。

二、家校联动教育的必要性

家校关系的和谐构建是高校思想政治教育的一项重要内容，该内容已经受到越来越多高校的重视及应用，构建和谐的家校关系不仅是对学校发展的一种积极促进，同时也对学生本人及其家庭教育带来新的思考和影响。所谓家校关系，是指对学生受教育影响最大的学校和家庭两个重要方面的以人才全面发展为导向，按照各自的角色定位与职责发挥其功能的双向沟通互动的合作关系。它不仅包括家长如何对待高校的问题，也包括高校如何对待家长的问题。高校与学生家长构建的和谐家校关系实质上就是通过高校和家庭的沟通与协调，处理大学生在学习、生活中遇到的困惑和问题。

（一）创新家校联动载体是顺应时代发展的必然选择

马克思曾说："既然人的性格是由环境造成的，那就必须使环境成为合乎人性的环境。"① 所以，在当今社会，国际与国内的形势和环境都已发生巨大而深刻的变化，高校思想政治教育工作迎来了机遇，同时也面临着前所未有的挑战。家校联动是高校思想政治教育的有效途径之一，要提升其有效性，首先就要对当今时代进行科学有效的判断和把握。

1. 经济全球化下的时代背景加速高校思想政治教育理念的更新

高校是知识、文化创造和传播的重要场所，承载着培养民族精神、弘扬民族文化的教育使命。而思想政治教育是高校一切工作的"生命线"，也是推进高校发展的重要保证。同时，它也关乎着社会主义建设事业的兴衰成败，关乎着社会主义事业是否后继有人。

21 世纪是一个全球化的时代。全球化是经济跨越国界运动而引起的一种文化政治国际化的客观历史过程，它为高校的思想政治教育带来了全新的物质基础，对推动高校思想政治教育走向现代化提供了有力的物质保障。但是，西方发达国家凭借其在全球化中的地位，利用先进的信息技术手段直接向高校大学生传播政治文化与价值理念，凭借经济与科技优势抢占文化市场，对高校学生散布西方思潮与宗教影响。在经济全球化的进程中，广泛的文化交流，迅速的信息传播，多种新型文化与传统文化的相互碰撞，导致文化层面逐渐发生了变化。高校学生的世界观和价值观尚未最终形成，难免在某一阶段的价值取向上感到迷惘和困惑，进而导致一些意志薄弱、涉世未深的大学生盲目崇洋媚外，放弃社会主义理想信念，对中国特色社会主义发展道路半信半疑，这将严重冲击社会主义意识形态教育。因此，在全球化浪潮中，随着中外文化交流的日益频繁，在不同价值观冲突剧烈的情况下，高校在对大学生进行思想观念上的思想政治教育澄清和引导时需要更新自身的教育理念，确保大学生对社会主义的历史进程有确切的了解和把握，在坚持社会主义文化的主导地位和正确的价值导向时，增强学生的开放意识和兼容态度，让大学生能够在多元文化与多重价值观的影响下，带着更加坚定的爱国信念走向国际舞台。

2. 中国经济的高速发展推动高校思想政治教育模式的转变

马克思主义认为："人们自觉地或不自觉地，归根到底总是从他们阶级地位所依据的实际关系中——从他们进行生产和交换的经济关系中，获得自己的伦理观念。"②

① 中共中央马克思恩格斯列宁斯大林著作编译局. 马克思恩格斯全集：第 2 卷 [M]. 北京：人民出版社，2008：157.
② 中共中央马克思恩格斯列宁斯大林著作编译局. 马克思恩格斯选集：第 3 卷 [M]. 北京：人民出版社，1995：434

我国社会主义市场经济体制的形成与发展，是计划经济体制不断改革的结果，而每一次发生规模较大的社会变革，都必然带来一场广泛的思想变革，这就给思想政治教育领域带来了一系列的挑战。在我国市场经济体制改革转型的过程中，逐步暴露出许多深层次的矛盾。社会主义市场经济的逐步转型给思想政治教育带来了诸多新型物质文化资源。因为多种经济成分的共同发展和多种利益群体的出现，各种利益诉求和价值观念自觉或不自觉地反映到意识形态领域，并且通过多种渠道渗透到高校之中。随着改革开放的逐步深入，大学生的生活方式变得多种多样，大学生的内心世界也承受着前所未有的压力。与此同时，社会组织的形式也日趋丰富，社会整合能力遇到严峻挑战，这些问题给高校思想政治教育的有效开展增添了难度。因此，面对在市场经济体制转型过程中出现的新问题，高校需要改变传统的思想政治教育理念和方法，运用好市场经济这把"双刃剑"，趋利避害，引导大学生树立正确的世界观、人生观、价值观，提高抵御各种错误的价值观念和文化思潮渗透的能力，从而使高校学生拥有现代化的思维观念、道德水准、创新能力和心理素质。

（二）创新家校联动载体是增强思想政治教育实效性的客观需要

高校思想政治教育是培养高等人才的"生命线"。随着我国改革开放和高等教育改革的深入发展，高校思想政治教育在全球化背景下得到了千载难逢的机会，却也面临着史无前例的挑战。这就要求高校教育者改变原有的教育理念，在继承优良传统的基础上不断创新和改进，探索新的教育途径，因此，高校思想政治教育家校联动机制应运而生。

1. 有利于提升高校思想政治教育工作者自身素养

高校思想政治教育者作为家校联动机制中的主要组织方和沟通方，要不断提升自身的工作素养，进而提高自身的威信和影响，才能促使家长和学生积极配合，进而达到家校联动的预期效果。在大学生思想政治教育中，高校和家长都是教育者的身份，为促使家长们更加积极主动地开展家庭教育活动，高校思想政治教育者要通过情感认知、立场表达、信念传递等方面的自我提升来促进自身的综合素质、影响力和感召力的提升，促进同为教育者的家长们的内心世界与外在行为的变化，进而提高家校联动的思想政治教育效果。

在家校联动机制的构建过程中，高校思想政治教育者的权威形象主要需要其通过自身的知识权威性和感召权威性来体现。教育者的知识权威形象对家长的影响可以用权威效应来揭示，即人们总是会对学识渊博、阅历较深的人有着较高的信任度。所以，在当代学习型社会中，高校思想政治教育工作者必须是终身学习者。他们需要不断学习新型教育理论，更新固有的教育理念；不仅要有扎实的专业知识和理论素养，还要把握一定的现代信息技术及人文知识。同时，高校思想政治教育者要确立终身学习的理念，保持乐观向上的心态，在实践中不断探索真理，不断对自身的职业素质进行反思和提升，对自己的知识和经验进行重组，做到随机应变，这样才能与学生的家长进行有效的沟通与合作。高校思想政治教育者的感召权威性主要是由其人格形象决定的，这是由于教育者自身高尚的人格就已经为沟通提供了良好的条件，它可以使教育者为自己赢得最大限度和范围的情感认同。这种崇高的、积极的情感和情绪能够使学生家长的精神和热情受到感染，推动他们自觉改造自己的思想政治教育观念，提升他们自身的思想觉悟和认识能力，让家长发自内心地愿意与高校合作，从而更加顺利地推动高校思想政治教育家校联动机制的构建。

2. 有利于高校思想政治教育内容和方式的进一步发展

传统思想政治教育的典型代表是赫尔巴特的"三中心"，即教师中心、课堂中心和书本中心。他主张通过直接的道德教学进行教育，强调教学与教育两者的关联性，指出，"教学如果没有进行道德教育，只是一种没有目的的手段，道德教育如果没有教学，就是失去了手段的目的"。目前，我国高校思想政治教育地开展很多时候依然采用"一张嘴巴、一本书、一支粉笔、一块黑板"的传统教育教学模式，或是采取"做报告，念文件，读报纸，开大会"的传统"台上讲，台下听"教育方法，既单调沉闷，又枯燥乏味，严重影响了高校思想政治教育效果，使学生产生厌倦情绪，老师的"苦口婆心"也就变成了学生的"耳边风"。"自古以来的道德教育都强调，唯有促进本人的觉悟才能奏效，别无他途。片面的灌输只会引起逆反心理，无法造就独立思考、自我负责的人格。"因此，如果高校思想政治教育的开展总是以直接的道德教学、大学生日常思想政治教育管理为中心，必将出现过于注重和强调教育者单方的教育主体作用，忽视学生在自身教育中的主体地位的情况，使师生间无法建立起互动的关系。

此外，在开展大学生思想政治理论课的过程中，还存在着很多不容忽视的问题：教师的教案不能及时更新，高校思想政治理论课的内容没有与时俱进，这容易使学生产生消极的抗拒、排斥心理。在高校教学过程中，有部分教师照本宣科，授课时对书本上的内容不加任何诠释和改进，这会造成理论和现实的严重脱节；还有少数教师则又是完全放下书本，讲述与理论课程无关的内容，这会造成对大学生的教育缺乏本学科领域最基础的理论内容，极大地削减了高校思想政治教育的吸引力、感染力和感召力。构建高校思想政治教育家校联动机制，可以给高校思想政治教育的进行方式带来一定质的变革，使其通过与家长的合作，更有针对性地为孩子选择有效的教育途径，迎合大学生的喜好和心理倾向去设计更为合理的教育方法，让高校思想政治教育取得更为理想的效果，让普遍追"新"求"异"的学生能够不再对高校思想政治教育产生厌烦甚至抵触心理。

第二节　家校联动教育存在的问题

一、家庭层面

（一）重视程度不够

高校普遍实行封闭式管理，因此高校领导者和思想政治教育相关工作者便很少会与学生家长进行沟通。随着高校的普遍扩招，高校思想政治教育遇到了空前的挑战，所以，高校的思想政治教育者才逐渐将家庭思想政治教育归于大学生整体思想政治教育的体系中。但是，很多家长因为长期得不到高校的关注，也得不到应有的重视，自身也就忽视了对大学生的思想政治教育，从而对高校建立的思想政治教育家校联动机制也就无法给予更多的关注。此外，有许多家长认为，孩子在高考冲刺阶段的挑灯夜战已经非常辛苦了，在大学教育阶段，没有继续严格要求孩子的必要，从而放松了对孩子的教育要求，停止对孩子进行延续的思想政治教育；有部分家长认为子女已经成年，具备了相应的认知、辨别和控制能力，再加上此时子女都是寄宿学校，便将对其进行思想政治教育的重担全权交给了高校，认为继续对孩子施以家庭思想政治教育已经不再重要。由此可见，大多数家长对于构建高校思想政治教育家校联动机制并没有给予一定的关注和支持，对家校联动机制构建的作用缺乏正确的认识。还有一部分家长，因为家庭因素的阻碍，对于参与家校联动活动没有一定的物质条件或者精神条件支持。很多家长因为自身工作的忙碌或者忙于生计，根本无暇顾及孩子的家庭思想政治教育，对高校思想政治教育更是无法关注，无论高校思想政治教育以何种新型方式或手段开启，都得不到这些家长的密切关注和积极配合。

（二）配合状况堪忧

在高校思想政治教育家校联动机制的构建过程中，有些家长是因为对家校联动机制的重视不够，进而影响机制构建的进程。但是除此之外，有些家长虽然重视家校联动机制的构建，但由于自身素质有限，在一定程度上也阻碍了高校思想政治教育家校联动机制的构建。因为无法提升自己的认识水平，便无法看到未来高校思想政治教育家校联动机制的构建和运行将给自己的孩子在思想观念和道德品质等方面带来的积极引导和影响，所以对家校联动机制的构建也没有给予足够的支持和配合。

很多家长在对孩子进行家庭思想政治教育时，没有足够的科学指导，进而导致家庭思想政治教育的效果并不理想。于是，很多家长认为高校思想政治教育家校联动机制的构建是简单的家校合作或者是高校对家长的单向灌输，对孩子的思想政治教育效果不会有明显的改善或提升。由于部分家长看不到家校联动机制的长远效果和价值，对高校思想政治教育家校联动机制的构建并不看好，也就不愿意配合或参与学校组织的各项教育活动。另外，部分家长因为自身受教育水平有限，虽然作为平等的思想政治教育主体之一，但是无法对高校思想政治教育家校联动机制的构建提供一些具有建设性的意见，还有部分家长虽然参与家校联动机制的构建，但也只是一味地听从学校的安排、积极参与学校的活动或完成应尽的义务，并不能为家校联动机制的构建提供更为长远的建议。如果家长只是盲目地跟随高校进行家校联动机制的构建，也并不利于高校思想政治教育效果的提升，因为即使广开言路，也无法广纳谏言。

二、学校层面

高校思想政治教育是一项十分复杂的系统工程，如果只是片面地注重理论宣传，并不能很好地解决实际问题，有些时候反而会在高校内形成一种比较浮躁的气氛，不利于高校思想政治教育的正常开展。没有规矩无以成方圆，而当前高校思想政治教育家校联动机制正是由于缺少制度性保障，所以构建过程颇受阻碍。在高校开展的关于大学生思想政治教育的活动中，高校与学生家庭的互动，多数处于比较松散的状态，缺乏一定的制度保障，所以高校思想政治工作者和家长，都没有一定的规章制度可以遵循，高校内部也没有设立专门的机构或组织对活动进行总体上的掌控和规范。这就会影响高校思想政治教育的进行和高校思想政治教育实效性的提升。同时，在高校与家庭互动的过程中，因为分工不明确，所以还比较容易产生责任推诿的现象，影响活动的效果，使高校思想政治教育难以形成规范性，这不仅增加了高校思想政治教育家校联动机制构建的难度，也损害了高校和家长的合作积极性。此外，由于没有规范的规章制度，高校内部也没有足够的物质基础来保障高校思想政治教育家校联动机制的构建，也就无法顺利开展家校联动。因为没有制度规定，也就没有专门的组织来管理高校思想政治教育家校联动机制的构建，缺乏资金保障，很多人力物力都无法投入，机制构建便会搁浅，无法取得实质性的进展，长此以往，高校思想政治教育者的工作热情会大打折扣，家长也会因为无法定期参加学校组织的活动而逐步丧失对家校联动机制构建的信心。

三、社会层面

社会环境的发展与高等学校思想政治教育的发展相互影响。环境的变迁将决定高校思想政治教育的改革与创新，而高校思想政治教育的改革与创新又会反作用于社会环境，对其有一定的优化和丰富作用。所以，在现阶段，高校思想政治教育家校联动机制的构建很大程度上依赖于社会环境，相关部门政策方针的制定和地方政府及社区的物质保障，对家校联动机制的构建都有很大的影响。

"依法治校"是高校思想政治教育取得实效的基本前提。在高校思想政治教育家校联动机制构建的过程中，政府的主导作用和强大的推动力是不容小觑的，而健全的政策和制度是高校思想政治教育家校联动机制构建的重要保障。尽管很多学者已经认识到高校思想政治教育家校联动机制构建的必要性，但由于我国现阶段还没有出台家校联动机制构建的相关保障性制度，相关教育部门也没有颁布相应的政策法规，所以高校思想政治教育家校联动机制的构建依然是无章可循，也无法纳入规范的建立和运行体系。因此，学生家长参与高校思想政治教育的合法权益就没有保障，这使得家长无法以思想政治教育主体身份参与高校开展的思想政治教育活动，学生家长不能很好地行使自己的教育权利。此外，因为家长在参与高校思想政治教育中扮演的教育角色和对孩子进行思想政治教育的责任和义务没有明确的界定，所以，在高校思想政治教育家校联动机制的构建中，双方的合作意识淡薄，高校依旧占有主导地位，独自进行思想政治教育，而家长却被排除在高校思想政治教育之外，致使高校和家庭因为缺乏有效的沟通渠道和平台而不能进行顺利和及时的沟通和交流，高校思想政治教育和家庭思想政治教育存在严重脱离，最终使得高校大学生思想政治教育总是无法取得显著提升，无法取得理想的教育效果，从而阻碍了高校培养人才的进程。

第三节　构建高校思想政治教育家校联动机制的有效途径

构建高等学校思想政治教育家校联动机制是一项纷繁庞杂且需要长期努力才能完成的项目。所以，针对以上存在的阻碍家校联动机制构建的各方面问题，我们一定要深思熟虑，通过明确每一方的责任和分工，通过多方面的联合，形成最大的合力。

一、政府的引导和规范

从世界发达国家中成功的家校联动经验来看，建立健全完备的政策对推动家校联动机制的构建有非常关键的作用。所以，政府制定的政策和法规是我国高校思想政治教育家校联动机制构建并运行的最根本和最有力的保障。

（一）国家相关职能部门提供必要的政策支持

在现阶段的家校联动机制的构建过程中，一方面，因为高校领导者的合作意识淡薄，并没有开启能够吸引家长参与高校思想政治教育的有效途径；另一方面，因为家长自身的主观原因，对高校构建思想政治教育家校联动机制的认识还存在诸多不足，家长无法明确自身的责任和义务，进而也无法正确地行使自己的教育权利。为此，高校思想政治教育家校联动机制的构建也就无章可循、无法可依，在构建过程中总是无法顺利地进行。因此，政府相关职能部门应该尽快颁布相关的政策法规，同时制订合理的解决方案，保证各教育主体都能够明确自身的权利和义务，这样既可以监督高校，令高校能够认识合作的重要性，又可以确保家长顺利参与家校联动机制的构建，保障家长在行使权力的时候能够有法可依，这样家长参与高校思想政治教育家校联动机制建立的积极性也会有所提升。同时，这样做也可以使家长认识到自己的教育任务，意识到自己具有重要的教育作用，让家长可以在高校思想政治教育家校联动机制的构建中贡献力量，争取早日将家校联动机制的建立纳入正规的轨道，从而对高校思想政治教育家校联动机制进行严格、科学的管理。

此外，政府也应该增加对教育的人员、物质和资金的投入，要注重对社区（乡村）、高校、家庭三方的专项资金的分配，确保高校思想政治教育家校联动机制的顺利构建有充足的资金保障，进而建立更为科学的管理体系，使家校联动机制的构建更有动力，使社区、高校和家长能够从全面发展的角度重视大学生思想政治教育，不断提升高校思想政治教育的效果，并以此提升大学生认识世界与改造世界的能力，更好地为我国社会主义现代化建设事业服务。

（二）地方政府机关提供相应的便利条件

教育总是与社会实践、社会生活有着密切的联系，因此脱离实践的教育是难以实现的。教育是开放的、全方位的，所以一定要打破传统的封闭式教育格局，社区（乡村）作为思想政治教育开展的又一优良环境，有着丰富的教育资源，可以为高校思想政治教育和家庭思想政治教育提供多元的文化背景支撑。因此，应将教育延伸到社区（乡村），尽可能地创造良好的社区环境，形成强大的社区合力。在高校思想政治教育家校联动机制的构建过程中，地方政府也需要发挥自身的职能，为家校联动机制的构建提供必需的条件支持。首先，地方政府可以制定有利的保障措施，督促高校严格地依据既定的规章制度进行思想政治教育，不再独自包揽大学生的思想政治教育，而是通过家校联动机制的构建，联合社区和家庭，将教育的合力发挥到最大。其次，地方政府还应该将中央政府下拨的专项教育资金，合理地做好调配，然后发放到本地的高校和各社区中，让高校可以有足够的物力和财力来构建思想政治教育家校联动机制，不再因为资金的缺乏而阻碍高校思想政治教育领导者和工作者对构建家校联动机制的热情和积极性。最后，让社区也有充裕的资金进行相关组织的建立，进而使高校思想政治教育家校联动机制的构建可以在全社会范围内得到更为广泛的重视。社区可以成立家长学校，或者社区管理者可以定期对家长进行培训，让家长可以保持先进的教育理念，能够顺应时代发展的潮流，对孩子进行更为与时俱进的家庭思想政治教育，督促家长积极行使自己的教育权利，履行自己的义务，积极配合高校思想政治教育家校联动机制的构建，这样便可以给家校联动机制的构建提供更多更为及时和便利的条件。

二、高校的组织和保障

虽然家长和学校思想政治教育者有着平等的教育地位，但由于高等学校有着更为科学的教育理念和指导思想，能够帮助家长更好地对孩子进行家庭思想政治教育，所以为了能够使大学生思想政治教育取得更加令人满意的效果，学校在大学生思想政治教育家校联动机制的构建过程中应该充当主力军。因此，在思想政治教育家校联动机制的构建中各高校必须给予其一定的保障和支持。

（一）领导者必须转变思想政治教育的理念

随着开放环境的多维参照、竞争环境的推动、信息环境的冲击以及网络环境的诱导，高校思想政治教育的环境发生了重大的改变，开展思想政治教育的环境也变得更加复杂化。为了提升高校思想政治教育的效果，高等学校提出构建思想政治教育家校联动机制，而这一机制的构建离不开高校领导者的更多重视和支持。

首先，领导者需要转变以往学校独自承担思想政治教育任务的理念。高校应该担负起思想政治教育加强和改进的责任，健全党政群团齐抓共管、全体思想政治教育工作者全方位育人的工作机制，认真承担起自己在高校思想政治工作中的职责。领导者要监督高校各部门采取有力措施，发挥自身的教育优势，将高校思想政治教育工作落到实处。其次，对高校思想政治教育家校联动机制的构建，不仅仅需要得到领导者的重视，还需要得到高校的物质保障。高校应该将构建家校联动机制所需的人力、物力纳入高校财政预算，领导者为家校联动机制的构建下拨专项资金，这样能更好地调动相关工作者的工作积极性，提升高校思想政治教育工作者的工作热情，促使他们全心投入机制的构建，此外，有了足够的资金资源，高校和家长进行的互动交流就有了物质保障，家校联动便不再只是处于计划当中，而是可以逐渐落实开展。最后，领导者需要为高校思想政治教育家校联动机制的构建制订合理的方案，提供一定的制度保障。将家校联动机制的构建纳入高校思想政治教育工作体系中，确保机制的建立能够步入正轨，让机制的构建能够有章可循、遵章执行，这样也能确保家校联动机制的构建有一定的计划性和持续性，从而保证高校思想政治教育家校联动机制的构建能够顺利进行。

（二）将家校联动机制的构建工作纳入辅导员工作考评体系

要想有效地掌控意识形态，就必然拥有一支素质过硬的队伍。这是我们党在长期开展思想政治教育工作中取得的经验，因此，在高校思想政治教育的开展过程中，也必然要打造一支这样的队伍。辅导员是高等学校管理队伍和教育队伍的重要群体，是开展高校思想政治教育的主要力量，所以，在高校思想政治教育家校联动机制的构建过程中，辅导员的力量不容小觑。而近年来，很多高校辅导员因为工作烦琐、待遇不高、前景茫然等原因产生了一些职业倦怠，对工作的热情有些减退，对高校思想政治教育工作也不再有动力，因此，高校在构建思想政治教育家校联动机制的过程中，需要将其纳入辅导员的工作考评体系，通过制定一系列的激励机制来使辅导员全身心投入家校联动机制的构建过程中，保证其才智的发挥和潜能的发掘，为家校联动机制的构建贡献力量。

为调动和保护辅导员工作的自主性、创造性和工作热情，学校需要为辅导员建立工资和奖励机制。高校可以根据辅导员对家校联动机制构建工作付出的努力和提出的建设性建议，给予其不同程度的奖励、津贴和荣誉，而贡献较大者还可以为其提供除物质鼓励之外的岗位晋级或进行培训的机会，最大限度地调动辅导员的工作热情，辅导员会因为看到自身工作的前景和获得的精神、物质奖励而提高对家校联动机制构建的关注，也会热衷于与家长进行更为及时有效的交流，保证家校联动的畅通，从而帮助高校和家庭进行更好地沟通，使高校和家庭能够更好地共同致力于家校联动机制的构建，争取早日运行高校思想政治教育家校联动机制，进而开启高校思想政治教育新气象。

三、家长的重视和支持

高校思想政治教育家校联动机制的构建需要得到家长的理解、重视和支持，才能保证机制的构建能够顺利，才能将机制的作用发挥到最大程度。所以，在高校思想政治教育家校联动机制的构建过程中，家长要转变以往的教育理念，要更新自身的思想观念，这样才能与时俱进，对孩子进行更好的家庭思想政治教育。同时，家长思想观念的转变和综合素质的提升，也可以对家校联动机制的构建做出一定的贡献，给予一系列建设性的建议，从而提升家校联动机制运行的效果。

（一）积极建立并完善家长委员会制度

由于家庭思想政治教育能够突破学校思想政治教育在时间和地域上的限制，所以，在对大学生进行思想政治教育时，除了要关注高校内部的思想政治教育，还需要关注家长对孩子进行的家庭思想政治教育。但是，长久以来，因为很多家长在对孩子进行思想政治教育的时候没有得到任何科学的指导，也没有任何科学教育理论可以遵循，所以家庭思想政治教育的效果并不显著。为了更加顺利地构建高校思想政治教育家校联动机制，让家长能够真正以引导人的身份参与到高校思想政治教育中并发挥一定的积极作用，就需要家长们共同建立并完善家长委员会制度。

家长委员会可以在高校和社区同时成立。在高校内，可以根据地域选出几名家长作为代表，以确保时刻保持和高校的沟通，并能将高校的教育理念转达给本地区的其他家长，围绕高校思想政治教育家校联动机制的构建为共同目标，通过高校和家长的及时沟通，使家校联动机制能够尽善尽美。在社区，同一地域的家长可以在社区管理者的帮助下，合理地建立家长委员会制度，公平、公正、公开地选举家长代表，去参与高校思想政治教育家校联动机制的构建工作，将本地区家长对家校联动机制构建的意见或建议传达给高校，使双方能够保证及时、畅通的沟通和交流，这样也有利于双方了解孩子的实现情况，使高校思想政治教育家校联动机制的构建能够更符合实际。

家长委员会制度的建立健全，能够帮助更多地家长了解高校思想政治教育的工作情况，使家长的教育参与能够更加制度化，也可以让高校采纳家长的建议，双方的合作能够做到有商有量、互相尊重，共同致力于更好更快地构建高校思想政治教育家校联动机制。此外，家长委员会制度的建立，也可以为更多地家长节省很多时间，为高校节约交流资金，避免不必要的物质和人力资源的浪费。

（二）努力促使自身的综合素质的提高

家长自身的思想观念、道德素质、教育观念对家庭思想政治教育的开展有很大的影响。在以往的家庭思想政治教育过程中，由于家长的教育理念、思想观念陈旧，对孩子的思想政治教育并不重视，这使得家校思想政治教育存在严重的脱节。还有很多家长，因为自身专业水平有限，无法对孩子开展有效的思想政治教育。因此，在高校思想政治教育家校联动机制的构建过程中，家长需要努力提升自身的综合素质，一改以往的教育态度，转变自身的教育理念，重视与高校的合作，不断提升自己的思想境界，开阔自己的视野，形成家校合作的大局观念，这样一来，也可以使高校思想政治教育家校联动机制的构建得到更多的支持和关注，从而得到更多建设性的建议。家长应该在家庭内部进行一场"改革"，以便为孩子提供一个学习型家庭氛围，形成一种新型的教育观，创造一种新型的家庭形态。家长可以在高校和社区的帮助下，通过了解更多的科学理论知识，树立正确的教育观念，从而掌握当今的主流价值观，能够用先进的理论知识武装自己的头脑，能够了解党和国家制定的路线、方针、政策，进而能够对孩子进行更为及时的家庭思想政治教育，能够在高校思想政治教育家校联动机制的构建过程中尽一份力，提升家校联动机制构建的水平，使高校思想政治教育家校联动机制的构建能够更加科学化。

四、高校家校联动教育载体创新

（一）高校家访的内涵

家访是目前高校大学生思想政治教育工作中的新型载体，是家校合力共助学生发展的有效途径。但由于学生人数、财政力度等问题，家访活动的开展存在许多困难。从提高家访活动有效性的角度出发，各高校正在政策保障、家访队伍、家访机制等方面进行积极探索。

家访是一种常见的教育管理方式，关于家访，《实用教育大词典》对其的解释是：为了教育好学生，教师到学生家庭与其家长取得联系的活动。老师通过走访学生家庭，与家长沟通共同解决学生在校的一些学习问题或思想问题，常用于中小学。但由于近几年大学生人数不断增加，学生在校出现的思想问题、心理问题、学习问题等日益增多，单纯依靠在学校帮助学生解决问题，已不能满足现实需求。因此，家校联合共同帮助学生健康成长，已成为大学生家访活动的真正意义。苏霍姆林斯基曾指出："没有家庭教育的学校和没有学校教育的家庭都不可能造就全面发展的人。"2004年，中共中央、国务院下发的《关于进一步加强和改进大学生思想政治教育的意见》明确指出"学校要探索建立与大学生家庭联系沟通的机制，相互配合对学生进行思想政治教育"，要"努力拓展新形势下大学生思想政治教育的有效途径"。

（二）开展家访活动的必要性

大学生的家庭环境对其成长有着至关重要的作用，它甚至可以左右一个大学生未来的发展方向。目前，高校每一名辅导员要带 200～300 名学生，还要身兼党支部书记、分团委书记、奖助贷等工作，与学生的交流十分有限，而且仅从学生在校的表现而看，很难了解学生内心的真实想法。因此，通过家访这样一个手段，首先，可以让家长了解学生的在校情况，例如学生目前出现的学习问题、心理问题、思想问题、情感问题等；其次，通过与家长的交流，以及对家庭环境的了解，辅导员可以对学生出现以上问题的原因进行更为深刻的剖析，使今后思想政治教育工作的开展更有针对性；最后，家长也会对学校的教育教学管理等方面有更深入的了解，并提出建设性意见，对辅导员层面、学院层面甚至学校层面今后的发展起积极作用。

（三）高校家访开展存在的困境

1. 家访对象的局限性

各高校的辅导员要带的学生人数众多，如果对所有学生都进行一次家访，确实不现实。因此，辅导员在选择家访对象的时候，往往会选择一些典型学生，例如有经济困难、心理问题、学业困难、就业困难等的学生。因此，这就可能在选择的过程中忽略部分同学的问题，从而不利于学生工作的开展。

2. 经费和精力有限

学校的保障支持力度直接影响着辅导员家访活动的顺利展开，因此，学校对家访的财力支持和精神鼓励是不可缺少的。目前高校辅导员多是利用寒暑假去学校周边市县家访，但是高校学生大多是从五湖四海而来，而出现学业问题、思想问题的学生，往往是家住偏远省份，平时家长难以监督的学生。因此，辅导员在选择家访对象的时候有很多的局限性。此外，有些学生家在十分偏远的山村，经济十分困难，辅导员若想去这些地方慰问家访，十分辛苦，容易打消辅导员家访的积极性。

（四）建立家访工作的长效机制

1. 注重家访效果

高校开展家访活动其目的是今后能有针对性地开展思想政治教育工作，家访活动的结束预示着思想教育工作的开始。及时总结家访成果是家访工作中的一个重要环节。家访的过程应该包括筛选家访对象、制定家访路线、进行家访、总结问题、开展思想教育工作、回访。因此，家访仅仅是手段而不是目的，其最终目的是解决学生出现的各种问题。及时总结在家访过程中与家长商讨的解决方式，以及后续的跟进机制，保持与家长长期有效的联系和沟通，形成合力才能真正达到家访的目的。

2. 提供政策保障

高校辅导员家访是一件费时费力的事情，而且许多辅导员需要深入偏远山区进行慰问，所以如果没有政策扶持和激励措施，辅导员便容易失去动力，而家访活动也会流于形式。《教育部办公厅关于加强高校辅导员基层实践锻炼的通知》（教思政厅函〔2013〕38号）指出，要"将基层实践锻炼作为加强辅导员队伍建设的重要举措和学校培养后备干部的有效手段"。

3. 家访队伍的多元化

目前高校家访活动的主体，多以分管学生工作的领导、学团负责人、带班辅导员等组成，他们对学生的日常行为、思想状况、学习情况等较为了解，但是对专业科目的学习，以及学生在具体学习过程中遇到的困难，还缺乏专业任课教师的指导和帮扶。因此，在家访主体中增加有热情、有精力的专业老师十分必要，这样才可以真正做到教学、管理、服务三位一体家校联动。同时，增加学生党员、学生干部等也是值得探讨的。

4. 增加回访

通过一次家访，辅导员可以就学生的在校综合表现与家长进行反馈，同时，家长们也会对学校的管理、服务等方面提出建设性意见。因此，定期进行回访是对之前所提出问题的解决情况进行反馈和巩固。加强回访制度有助于对之前家访成果的巩固和提升。

重庆工商大学（以下简称"该校"）首创的家长学生"两地书"活动已经持续开展近20年，"两地书"活动是请家长配合学校进行思想与心理教育，将品德教育与心理学方法、学校教育与家庭教育融会贯通，缩减子女与父母之间的代沟，引导大学生读懂父母心，激发了大学生对父母、对社会的感恩之心和责任感。

"两地书"活动是一种寻找学校、家长、社会和学生各方契合点，体现心理、伦理与经济等因素相互渗透的理念，将教育与自我教育有机结合的互动式思想交流活动。从1997年至今，该校一直坚持开展这项全校性的互动教育活动，其方法简单易行且行之有效。

家长与学生"两地书"活动由学校精心设计的"六个一"系列教学活动组成，即上一堂课、算一笔账、制一张图、写一封信、谈一次心、读一本书。

活动大致分为以下三个阶段：

第一阶段：上一堂课、算一笔账、制一张图。

上一堂课，是指让学生进行大学学习投资效益分析，而算一笔账、制一张图是这堂课的主要内容。算一笔账，是指学生面对国家和家长每年各约 1 万元的投资，让学生计算出理论学习成本、实际学习成本、人才资本投资回报率、制订降低学习成本的计划。制一张图，是指将自己降低学习成本、提高学习效益的目标与措施制成一张具有操作性的"学习与发展目标管理图"，引导学生们将醒悟变成觉悟，并落实到行动上。

第二阶段：写一封信、谈一次心。

利用课余时间，要求学生及时给家长写一封信，将自己对算账的感受和计划与父母进行一次书面谈心，并请家长收到后回一封信。实践中我们发现，多数学生还是第一次给父母写信。

在写给父母的信中，学生们一再表示要努力学习、节省开支、报答父母。家长们接信后喜出望外，他们感叹自己的孩子一下子"长大了！""懂事了！"不少家长热泪盈眶，把信读了又读。学生的家长来自社会的各个层面，他们的文化修养、性格脾气、经济条件、生活环境等各不相同，但有一点是相同的，那就是在回信的字里行间浸透着人间的亲情和无私的爱；谈到回报，他们都异口同声地表示：不需要孩子回报父母，但一定要回报社会、报效祖国。不少学生是流着泪读完家长的回信，他们仿佛看到了父母宽阔的胸怀，心灵受到了震撼。

第三阶段：读一本书。

数万名家长，分布在全国各地，从事着各行各业，他们没有统一商量，只是给自己的子女回了一封信。当这上万封家信都向学校集中的时候，我们更深切地感受到了家长们的奉献精神，更清楚地看到了当代为人父母的精神境界。我们感到，家长的个人力量有较大局限性，要让学生从父母身上领悟人生的真谛、汲取进步的力量，有个最好的方法就是有效开发利用家长回信的整体资源，充分发挥家长群体的积极作用。

（1）"两地书"活动的突出特点。

一是将经济分析方法引入思想品德教育之中，使学生们通过简捷醒目的计算，看到父母的亲情与艰辛，体尝到国家对他们的殷切希望，从而深受激励；二是以情通心，运用书信这种形式传递两代人的真情实感，使两代人的思想得到真诚的交流和沟通；三是将算账、写信这些传统的方法与人才资本投资效益分析等现代手段有机结合，打破了学生心中思想政治教育简单说教的形象，这种理性与情感并重的沟通与交融使很多大学生幡然醒悟，从而使其道德境界得到提升。

（2）"两地书"活动的机理。

"两地书"活动实际上包含着"一个进入、一个转换和两个震动"的环节。"算账"环节是活动的进入期。大学生从很不情愿到算出数字后满脸羞愧，这里可以体现经济分析方法的独特作用：大学生一旦站在父母角度思考问题，就能很容易地打破两代人的思想"屏障"或"代沟"，直接到达双方认同的经济关系的基础上，这个基础也是家庭成员产生意识、观念、情感、道德的起点。角色转换环节是"算账"的深入阶段。由于大学生的收入几乎全部来自父母，所以他们在计算自己的收支时其实就是不自觉地在计算父母的收支。子女的收入是父母的支出，当他们意识到这一点，那么父母的音容笑貌及劳作情景就会随时浮现出来。这是激发学生情感的一个动力，它直接为后面的震动环节积累情感势能。这种角色转换在子女心中激起了波澜，它是"两地书"经济分析中最重要、最微妙的一个环节，能直接反映着个体在活动中的成效。

震动环节是"两地书"产生效果的环节。"震动"主要有两个方面：一是计算出的数据使学生们感到吃惊而产生的震动；二是子女在前一个震动的基础上对自己的观念意识进行道德评价，发现自己原来的道德观念是不对的，责怪、抱怨父母更是错误的，由此则产生了观念上的震动。震动只是现象，反差才是震源。两次震动依赖于两个反差：一是收支差距的事实反差；二是错怪父母的观念反差。反差越大，振幅就越大，形成反差后学生会自主进行深度的思考，并且调动平时的生活积累进行比较、鉴别和评价。

认错环节是震动的爆发。认错是震动环节中两个反差急剧上升到一定高度时对感情的强烈宣泄。强烈的情感喷涌是"两地书"活动的一大显著特征。我们发现，这个环节的一个重要标记就是认错。认错的实质是学生认同父母的价值观，它具有很强的实践作用，只有认识到自身的不足，震动环节的认识才会深刻和巩固，同父母之间的代沟才会逐渐缩减，才能够主动接受父母和国家所引导的价值观、人生观。认错在课堂上的表现形式就是能公开说出"我错了""我对不起父母"之类的语言。在活动中，流着泪读完父母回信并在信中认错的学生相当多。

学生从埋怨父母到进行自我批评，这一实践结果印证了"外因是变化的条件，内因是变化的根据"这个唯物辩证法的基本原理。可见，"两地书"活动是大学生进行自我批评、自我教育的有效形式，这也是坚持开展"两地书"活动的价值所在。

近年来，为切实贯彻中共中央、国务院《关于进一步加强和改进大学生思想政治教育的意见》和全国加强和改进大学生思想政治教育工作会议的重要精神，该校在以往的基础上又相继开展了三项活动：一是结合建设社会主义和谐社会，开展读《家长学生两地书》、与老一辈"共话人生"、学习当今"时代先锋"等活动，引导大学生从读懂父母心到读懂前辈心，从而更好地实现向正确的世界观、人生观和价值观的转变，进而达到与社会发展的和谐；二是结合建设节约型社会，对大学生开展消费道德的教育，组织学生进行"提倡简朴生活，反对奢侈浪费"的大讨论，指导学生制订节约计划，减少奢侈消费，增加对学习的投入；三是结合价值观教育，要求学生反思自己的学习行为与国家巨大的教育投资之间的差距，树立"勤奋学习光荣，虚度人生可耻"的观念，再次修改之前制定的"学习目标管理图"。通过这一系列的活动和措施，将"两地书"活动真正打造成对大学生理想信念教育的有效载体，帮助大学生在活动中确立自己的理想，制定具体可行的目标，并落实到立志报效国家、报效社会的实际行动上。

五、网络家长群、网络家长会

如今的高校，都是由上万名来自全国各地性格各异、特长不一的学生组成的，教师逐个上门家访已不现实。因此，家校联动的重要性便日趋凸显，"远程家访"即学校与家庭通过互打电话、互发 E-mail、互通书信、QQ 聊天、开辟辅导员博客家长留言专版等方式及时进行家校信息的沟通。在实施"远程家访"的过程中，有的高校摸索出了"四个必访"的理念：一是优秀学生家庭必访、二是经济困难的学生家庭必访、三是存在心理困扰的学生家庭必访、四是学业困难的学生家庭必访。学生有什么特长、学生是在什么环境下成长起来的、其家中经济条件如何、其心理状况如何等诸多问题在高校扩招、学生数量的加大、辅导员数量相对欠缺的情况下，就需要辅导员"走进"学生家里，尽可能掌握第一手资料，了解详情，这样才能做到教育有的放矢，"远程家访"也因此得到学校和教师的认可。

第八章 网络思政教育

第一节 网络思政教育的理论背景、意义及原则

一、加强网络思政教育的理论背景

2017 年 8 月 31 日经教育部 2017 年第 32 次部长办公会议修订通过《普通高等学校辅导员队伍建设规定》，并于 2017 年 10 月 1 日起施行。文件对高校在思想政治教育理论及网络思想政治教育等方面有明确的定义。第一，思想理论教育和价值引领。引导学生深入学习习近平总书记系列重要讲话精神和治国理政新理念新思想新战略，深入开展中国特色社会主义、中国梦宣传教育和社会主义核心价值观教育，帮助学生不断坚定中国特色社会主义道路自信、理论自信、制度自信、文化自信，牢固树立正确的世界观、人生观、价值观。掌握学生思想行为特点及思想政治状况，有针对性地帮助学生处理好思想认识、价值取向、学习生活、择业交友等方面的具体问题。第二，网络思想政治教育。运用新媒体新技术，推动思想政治工作传统优势与信息技术高度融合。构建网络思想政治教育重要阵地，积极传播先进文化。加强学生网络素养教育，积极培养校园好网民，引导学生创作网络文化作品，弘扬主旋律，传播正能量。创新工作路径，加强与学生的网上互动交流，运用网络新媒体对学生开展思想引领、学习指导、生活辅导、心理咨询等。

当今社会是网络信息时代，网络正在以前所未有的发展速度，渗透到整个社会的政治、经济、科学和文化等各个领域。网络已然成为人们学习知识、获取信息、交流思想、休闲娱乐的重要平台。越来越多的人开始通过网络这个新载体进行学习、工作和娱乐，特别是正在校园中生活、学习的大学生更是对其偏爱有加。他们的生活和学习已经与网络这一重要载体紧密结合；同时，网络也对他们的行为模式、价值取向、道德观念等方面产生了意义深远的影响，这

就要求我们的思想政治教育理论和实践工作者必须积极面对这一社会现象，同时深入探索和研究网络这样一个新载体，充分运用、积极发挥网络载体在大学生思想政治教育中的优势，主动占领网络思想政治教育的新阵地。

二、加强网络思政教育的意义

（一）新时期高校思想政治教育发展的需求

在当今社会，高校思想政治教育主动占领网络思想政治教育新阵地，并对进行大学生网络思想政治教育提出了明确的要求，利用网络为大学生学习和生活提供服务，对大学生进行教育和引导，不断拓展大学生思想政治教育的渠道和空间，是新时期高校思想政治教育发展的需求。

1. 新时代网络环境中教育主体与客体关系的需要

网络的特点决定了在大学生网络思想政治教育中，受教主体和施教主体的地位是平等的，这在一定程度上弱化了传统意义上教育者与受教育者的层次性。受教主体的主体性作用得到最大限度的放大，即其在网络中可以自主选择决定其接受何种、何处、何人的信息。从这个意义上讲，受教主体的主体性选择决定了大学生网络思想政治教育的教育活动有效性及其有效程度，进而决定了施教主体的有效性。因此大学生网络思想政治教育必须高度重视受教主体的地位和影响的变化，依据受教主体和网络的特点，处理好尊重大学生独立判断能力与实现网络思想政治教育目的的关系，采用新的教育方法、渠道、形式，针对性地转化教育内容，吸引受教主体自主选择施教主体希望其选择的教育内容，同时，还应重视受教主体与施教主体的双向互动。

2. 高校思想政治教育教育主体内在发展的需要

整体而言，我国高校的网络思想政治教育队伍基本都是由中国共产党员组成的，他们具有较为坚定的政治立场和政治观点。但是，面对海量的网络信息和复杂的网络政治斗争，还需要高校思想政治教育施教主体更好地掌握马克思主义基本原理和精神实质，并善于运用其立场、观点和方法，去分析、研究、解决网络世界中的复杂问题，同时，还要抓住网络的特点对大学生网络受众进行教育和引导。这一系列针对大学生网络思想政治教育的理论研究和实践探索极大促进了高校思想政治教育施教主体思维方式的转化和业务能力的提升。

3. 高校思想政治教育观念、手段和方式进一步发展的需要

目前，我国高校思想政治教育正面临网络这一载体和平台的挑战，这既是挑战也是机遇。及时转变传统的教育观念和模式，在一定范围内，在继承优良

传统基础上实现转型。新时期高校网络思想政治教育要实现由传统手段向利用信息网络技术手段和传统手段共用的工作手段的转型，实现由单一的现实世界向虚拟世界与现实世界并举的工作环境的转型，就必须大力加强大学生网络思想政治教育。

（二）大学生全面发展的需求

《关于进一步加强和改进大学生思想政治教育的意见》指出要加强和改进大学生思想政治教育，《普通高等学校辅导员队伍建设规定》中也对网络思想政治教育的重要性进行了进一步阐述。思想政治教育要"以大学生全面发展为目标"，而大学生网络思想政治教育作为大学生思想政治教育的重要组成部分，同样应以大学生全面发展为目标。这就需要广大高校思想政治教育者从马克思主义"人的全面发展"理论的角度出发，认识和思考大学生网络思想政治教育的重要意义。

1. 突出大学生的主体地位，促进其完整而发展的需要

当前我国社会主义进入了新时代，我国的发展站在了新的历史方位上。在这种社会大环境影响下，就要求当代大学生应具有更强的自主意识，并且善于开拓创新。大学生网络思想政治教育顺应了信息时代的需要，适应了大学生接受教育的新阵地和新方式，是传统思想政治教育的发展和补充。它以大学生喜闻乐见的形式出现，着力开发其善于学习、敢于创新的能力，通过主体性的充分发挥，促进大学生的全面发展。

2. 尊重大学生个性发展，促进其自由发展的需要

促进大学生个性的发展，就是使大学生的个人意志、兴趣、志向、信仰、需要等得到充分展现和满足，从而使德智体美得到提高和发挥。就思想政治教育载体而言，网络为人们进行个性的展示和交流提供了一定的平台就功能，网络拓展了人类的能力，也为人类的认知和行为提供了最大程度的自由。因此，网络受到了大学生们的喜爱。大学生网络思想政治教育以认同和重视大学生在网络空间的活动为前提，充分尊重大学生和网络的个性和自由，并以大学生乐于接受的形式提升教育效果。

3. 顺应以人为本的要求，促进大学生和谐发展的需要

实现大学生的全面发展，要求高校思想政治教育必须突出以人为本，具体表现在以下四个方面：一是实现大学生的身心和谐的需要，二是实现大学生人际关系和谐的需要，三是实现大学生个人和集体和谐的需要，四是实现大学生群体"人与环境"和谐的需要。

（三）推进网络时代高校改革和发展的需求

1. 大力推进高校和谐校园建设的需要

加强大学生网络思想政治教育能促进高校各个方面的交流和沟通，推动高校范围内网络与现实的和谐发展在加强对大学生的意识形态教育，有效减少网络对大学生的不良影响，促进师生关系和谐等方面起到重要的积极作用。

2. 大力推进高校信息化进程的需要

《关于进一步加强和改进大学生思想政治教育的意见》指出"要全面加强校园网的建设，使网络成为弘扬主旋律、开展思想政治教育的重要手段"，这是党中央从思想政治工作层面对高校提出的要求，它能促进高校网络基础设施建设，从而推动包括办公自动化系统、网络教学管理系统、后勤"校园一卡通"、数字化图书馆、"红色网站"等一系列的高校信息化建设，并最终推进高校建设信息化校园的步伐。

3. 全面推进高校校园文化建设的需要

大学生们在互联网上创造和发展着属于自己的网上精神文化空间，使高校网络文化成为高校校园文化的重要组成部分。大学生网络思想政治教育以丰富和提升校园文化的内涵与品质为目的，加强高校校园网络文化的建设和管理，坚持弘扬主旋律，以丰富多彩、形式多样的正面教育吸引学生的眼球，引导网络文化主流，在净化网络信息、把握网络舆论导向等方面有独特的作用，进而营造健康、高雅的校园网络文化。

三、网络思想政治教育的原则

（一）主导性与多样性

高校网络思想政治教育的主导性与多样性主要是指教育内容。其主导性是指教育内容要以思想政治教育为主，尤其要突出在思想政治教育中能起主导作用、决定教育方向的内容。其多样性是指内容的多样性，即能够丰富、发展主导性的教育内容，并保证主导性教育内容更好地发挥主导作用。坚持主导性与多样性有机统一的原则，就是要把教育内容的主导性与教育内容的多样性统一于网络思想政治教育之中①。

高校网络思想政治教育的多样性是由网络本身这一载体的多样性决定的。由于网络是无限开放的，这就带来了文化的多样性。与此同时，多样性也是现

---

① 蔡继红. 大学生网络思想政治教育模式研究 [D]. 湘潭：湖南科技大学.

代人文素质教育发展的趋势。高校网络思想政治教育需要注重其多样性以满足信息时代思想政治教育的内在要求。但是如果只注重多样性，就容易忽略思想政治教育的主要功能。高校网络思想政治教育内容的主导性与多样性是辩证统一、相互交融的关系。因而实现高校网络思想政治教育主导性与多样性的有机结合，才能真正体现高校网络思想政治教育的本质要求。实现高校网络思想政治教育主导性与多样性的有机统一，必须突出高校网络思想政治教育的主要内容，坚持和维护社会主义意识形态的主导地位。同时，围绕大学生网络思想政治教育的主导性内容发展多样性内容。

（二）共享性与平等性

共享原则是指在网络思想政治教育过程中，教育者与受教育者均基于网络社会资源而历练成的内在精神境界所应遵从的准则①，这一准则是高校网络思想政治教育的核心。因为在高校网络思想政治教育中，教育的主体与客体关系、教育过程、教育内容、教育手段、教育方式等均在一种共享状态下取得进展。没有共享这一原则，就没有共进的存在，也无网络思想政治教育的效果可言。在传统现实的思想政治教育中，教育者位于主导地位，而受教育者则位于被主导地位，教育者是教育活动的实施者，而受教育者是教育结果的接受者。在整个过程中，教育者需要依据教育目标对受教育者进行单向传授。在这种教育方式下，教育者与受教育者之间的心理状态并非完全统一和一致，如果教育者的教育内容、教育方式方法等不被受教育者接受，两者之间的关系甚至会处于相互对峙状态，因为这种教育状态于受教育者而言，是一种被动接受的内在关系，而不是一种主动吸引的关系。

高校网络思想政治教育中的共享不仅仅是施教者和受教者对网络平台、技术手段、网络语言等客观物质条件与环境的共享，更是对网络空间下的政治精神、政治内容、政治文明、政治信息等深层内涵的共享。当思想政治教育活动中的施教者和受教者进入网络空间后，双方在教育方式、教育内容、教育角色、教育心态等方面均处于一种近乎平等的关系。双方都是以一种网民的身份进行交往活动。当国家、团体、单位或是个人作为信息发布者，在网络平台中发布政治信息时，原来界定的施教者或受教者均为该政治信息的受教育者。那么，在面对信息的发布源和信息发布内容时，他们双方就是处于共享状态的。同时，双方在共享政治信息时，也在共享政治精神。所谓政治精神，就是政治

① 丁科. 网络思想政治教育主体间性研究［J］. 理论与改革，2011（13）：98.

信息的一种升华。政治信息只是一种对政治内容的传播和发送，但是政治精神是对政治内容的进一步凝练和提升。政治文明是在政治精神基础上的，政治文明不是一种单纯的政治精神，而是一种政治制度、政治建构等政治体系的与时俱进。网络是一个开放的社会空间，同时也是一个共享的社会空间，该空间下的所有网民在共享着物质文明的同时，还共享着精神文明，而精神文明中还包含政治文明。

共享原则与平等原则是相辅相成的，并且平等原则是共享原则的前提和基础。在网络社会空间下，思想政治教育活动的所有参与者，在时间、空间、机会、技术、内容、形式、手段等方面均处于平等关系。

（三）技术性与人文性

技术性原则是指在高校网络思想政治教育中，要充分利用网络信息技术这一特性，开展思想政治教育。人文性原则是指在高校网络思想政治教育过程中，要体现和渗透人文精神。技术性与人文性相结合的原则就是指在高校网络思想政治教育过程中，将网络技术手段和人文精神相互相融、有机结合。网络技术是开展高校网络思想政治教育的基础条件，将网络技术应用于思想政治教育领域，对当今的思想政治教育是一场深刻的技术革命，它既带来了是机遇，也带来了挑战。网络技术是一把双刃剑，在给我们带来福音的同时，也对我们的思想政治教育带了一场深刻革命；数字化技术突飞猛进的发展在给人类带来福音的同时，也带来了诸如网络信息污染等危害人类的不利因素。校园中的大学生在共享网络上积极、正面的政治信息的同时，也会受到部分网络信息中的黄色和黑色信息的影响，这对大学生的思想道德观念和日常行为举止都有极大的影响。因此，充分利用网络信息技术手段，占领网络平台思想阵地，对大学生进行积极、正面的引导和教育显得尤为重要，同时，这也是对网络空间中不道德和不健康行为的产生予以防范。然而，再高端的网络技术也不能防范和阻止不良行为甚是违法行为的出现，因此，我们在依靠网络技术的同时，还应当注入更多的人文精神。当前出现的各种思想政治教育的矛盾正是由于网络技术的快速发展与人文精神的缺失之间的不平衡、不匹配。正确处理网络思想政治教育中技术手段与人文精神之间的关系，充分认识到发挥和利用数字化信息技术为人类带来福音的同时，必须抑制信息技术的发展给人类带来的负面影响，努力创建具有人文教育特性的大学生网络思想政治教育的发展模式，把人文精神教育视作大学生网络思想政治教育中不可或缺的重要组成部分。

第二节　高校网络思政教育现状及存在的问题

一、高校网络思政教育现状

（一）大学生网络思政教育工作队伍逐步创建

在当今网络空间下，高校网络思想政治教育工作者必须形成新思想，树立新观念，适应新形势，掌握新情况，了解新特点，掌握新规律，运用新技术，开拓进取与时俱进，力争做好新形势下的网络思想政治工作。高校网络思想政治教育者熟悉并掌握了思想政治教育发展规律，具有良好和扎实的思想政治理论素养，了解和掌握网络发展工作的现状和思想政治教育规律，能够有效运用各种信息网络技术，确保网络思想政治教育的有效开展和组织。因此，培养一支不仅具有过硬的政治理论水平、掌握思想政治教育规律，而且能快速有效地运用网络技术、熟悉网络文化特点，能够在网络空间下进行大学生思想政治教育工作的队伍，并建立相应的配套机制已成为当前高校网络思想政治教育的重要工作。

上海交通大学被教育部确认为全国第一个网络思想政治工作培训基地，并受教育部委托举办"思想政治进网络"班，培训了多名全国高校的教师，为全国高校和社会各界的网络思想政治教育工作做出了贡献。中南大学按照"专业化、年轻化、高层次、重素质"的原则，组建了网络思想政治工作专职干部队伍，引入考核激励机制，落实网络思想政治教育专职人员岗位责任制。这支队伍的成员多是博士、硕士等学历层次较高的人才。同时，一些地区的高校以省市为单位抱团打造网络管理和引导队伍，集体提高辅导员、班主任、导师的网络思想政治教育素养。例如，浙江省已建成一支高校网上评论员队伍，并连续多年组织省内高校进行分层次的校园网络管理培训。很多高校也加强了针对专兼职思想政治教育工作人员的网络技能培训，使其尽快适应网络环境，掌握网络工具，熟悉网络技能，并将相关指标纳入党建和思想政治教育的考核体系中。总体来说，各高校已初步创建了一支专兼结合的大学生网络思想政治教育工作队伍。

（二）高校网络思政教育效果显著

高校网络思想政治教育的效果需要依据完整的、科学的测评体系来实现。思想政治教育效果从评价形式上看是针对思想政治活动所产生的全部效果进行检验和鉴定，但其实质是以社会效果为核心所进行的价值评价。高校网络思想政治教育是一种社会实践活动，它主要包括以下两方面的内容：一是高校网络思想政治教育通过其社会实践不断改造大学生的主观世界，帮助大学生提高自身的思想道德素养和文化修养。高校网络思想政治教育的根本目的就是提高在校大学生的思想道德水平，为社会主义建设培养能够满足社会政治、经济、文化、生态发展的有理想、有道德、有文化、有纪律的建设者和接班人。二是高校网络思想政治教育通过利用社会实践活动，在改造大学生主观世界的同时来改造客观世界，其内容包括：良好的网络生态环境、社会环境、政治环境和网络心理等。中共中央国务院发出《关于进一步加强和改进大学生思想政治教育的意见》中明确指出"加强和改进大学生思想政治教育，提高他们的思想政治素质，把他们培养成中国特色社会主义事业的建设者和接班人，对于全面实施科教兴国和人才强国战略，确保我国在激烈的国际竞争中始终立于不败之地，确保实现全面建设小康社会、加快推进社会主义现代化的宏伟目标，确保中国特色社会主义事业兴旺发达、后继有人，具有重大而深远的战略意义。"这一论述明确了高校网络思想政治教育的出发点和最终目标。长期以来，经过广大高校网络思想政治教育工作者的不懈努力，各高校为大学生网络活动提供了较好的网络环境和校园文化氛围，在大学生网络思想政治教育的理论研究、载体建设、队伍建设、活动开展等方面取得了一定成绩，极大地推动了大学生思想素质、政治素质、道德素质、心理素质、法律素质的发展和完善，为当代大学生成为高质量人才提供了首要的思想政治素质保证，为他们成为网络环境下的德智体美全面发展的社会主义建设者和接班人的打下了坚实的思想政治基础。

二、高校网络思想政治教育存在的问题

（一）对大学生网络思政教育的重视程度不够

1. 宏观层面政策制度的颁布和实施存在一定的滞后

近几年网络发展迅猛，高等教育的宏观管理者也持续性地颁布了一系列的相关文件，如，2004 年中共中央国务院发出的《关于进一步加强和改进大学生思想政治教育的意见》、2017 年教育部第 43 号令《普通高等学校辅导员队伍建设规定》等，都对高校网络思想政治教育有明确的意见和指导性方向。但是，我们不难发现，相对于网络建设的迅猛发展，相关文件的颁布以及落实存在一定的滞后。

2. 部分高校对网络思想政治教育的建设重视程度不够

目前，许多高校未能正确认识和理解网络思想政治教育的重要性而将工作重点放在消除网络的负面影响上。例如，在具体政策实施中，主要表现为简单粗暴的"善后"应急处理，即应急删帖、关闭网站、追究发布者责任、封堵内外媒体等，忽略了从思想政治教育的角度来审视网络这一载体的重要性。因此，各高校应该对此进行深入思考，从理论研究、队伍建设、方法改进、硬件保障等方面建立长效机制。

3. 部分高校教育者的重视程度及专业水平仍有不足

网络这一载体的介入，使传统思想政治教育中教师主导地位下降，被教育者自主选择的可能上升，但部分思想政治教育工作者尚未认识到这一点，只是将网络作为一种工具和手段，没有从广义的层面理解网络思想政治教育即网络空间环境下的思想政治教育，从而忽视了网络环境中信息的海量化、选择的互动性以及网络社会交往的匿名性等重要特点。当然，部分思想政治教育工作者已经逐渐认识到理论研究的重要性和紧迫性，却由于自身对相关信息技术的基础理论研究不够深入，实践经验不足，只进行了网络思想政治教育的实践活动就浅尝辄止。这也导致在高校网络思想政治教育中，不论是在理论研究的层面，还是在实践活动的层面，网络思想政治教育工作者专业素质不足的原因。

（二）教育实践中时效性和互动性不佳

网络传播载体作为一种现代化的传播方式，和传统媒介相比而言具有很多新的特点，如信息量丰富、传播速度快、链接性、检索性等，但时效性和互动性是其最重要的两大特点。而在网络与思想政治教育的现实碰撞中，网络的时效性遭遇了思想政治教育理论研究的长周期性，网络的互动性遭遇了思想政治教育的经验式思维方式和"灌输"理论，从而导致大学生网络思想政治教育长期以来未能充分发挥出网络的特性，制约了高校网络思想政治教育的发展。

1. 时效性方面

通过网络在教育教学中的科学运用，学生可以充分享受到网络信息传输的快捷，利用网络终端如手机可以随时获取所需的知识，第一时间知晓国内外最新的经济、政治、文化等各类信息，不必局限于传统方式在规定的时间到规定的场所接受教育。但是，如今的大学生网络思想政治教育未能充分把握网络特点，没有及时、有效的组织、利用和传播学生喜闻乐见的网络教育资源，从而使大学生网络思想政治教育失去了时效性。

2. 互动性方面

传统思想政治教育中"你教我学、你说我听、你打我通"的教育，形式呆板单一，受教育者处于极其被动的位置。网络使高校思想政治教育的方式方法由传统的单向灌输型向双向交流型转变，这种工作方式又称为主客体互动型思想政治教育方法。现阶段，部分高校已经认识并充分利用官方微博、微信公众号等软件及时发布信息，有意识的占领网络思政的平台，但是并未充分发挥该平台在思想政治教育领域对大学生引导、教育、带领的作用，使大学生网络思想政治教育难以达到真正教育和引导的效果。

（三）网络思政教育在学生群体中关注度不高

网站、App 的访问量和阅读量是其受关注度的重要衡量指标，思想政治教育的网站、App 也是同样的，如果没有学生的浏览和互动，就不可能起到有效的信息传播和教育作用。网站建设的是否有特色、有亮点、有吸引力和影响力，其点击率和用户人数是一个重要的评判标准。相较于商业性的网站和App，内容单一的思想政治教育网站明显处于劣势。以教育部主导并推动的"中国大学生在线"网站为例，其点击率也远低于一些商业性综合服务网站。

第三节　以内容为基础（核心），创新大学生网络思政教育载体研究

一、网络思想政治教育载体的含义

作为一种功能性范畴，某物之所以能够当作一种载体，就说明无论是该事物的外部形态、内在结构或运动方式等特征，必然有一方面或多方面具有承载能力，这是某事物得以成为"载体"的根本前提；作为一种对象性范畴，"载体"描述了两个事物之间的关联，具体体现在承载内容与主体之间的强关联，承载内容与对象之间的弱关联上。因为载体的应用都是在人的实践活动范畴内进行的，都是人们按照需要对事物功能的主观利用，所以作为主体的人，在主动选择并赋予某物内容时，它就与载体所承载的内容之间构成了强关联，相对来说，客体作为被辐射、被影响的客观对象，自然与承载内容形成了弱关联，如何深化对象与承载内容之间的关联，就需要主体发挥主观能动性，充分利用好载体的功能[①]。网络以载体的形态进入思想政治教育视域具有客观必然性，狭义的网络思想政治教育就是以网络为工具，通过一切网络资源和技术手段等承载思想政治教育信息，向人们传播思想政治教育内容，以帮助人们形成时代发展所需要的思想、政治、道德观点。网络自身的属性决定了一切能有效被思

---

① 张青青．"互联网+"背景下网络思想政治教育载体优化研究［D］．武汉：武汉大学．

想政治教育教育主体掌握并链接网络受众的网络手段和形式都可被称为思想政治教育网络载体。网络思想政治教育载体不等同于思想政治教育传媒载体中的网络载体，在网络政治教育新形态的催生下，形成了与网络思想政治教育特色相宜的新兴载体，所有这些都成为网络思想政治教育载体。

二、网络思想政治教育载体的特征

（一）多样性与丰富性并存

网络已成为继报纸、电台、电视之后最具活力和开放性的第四媒体。随着网络技术的发展，网络思想政治教育载体的类型将呈现出多样化的特征，第四媒体的深度发展将衍生出更多丰富的形式。网络思想政治教育载体在实际运用的过程中通常与其他载体形成组合，各个载体之间既相互区别又紧密联系，互补互融形成有机统一整体。

（二）辐射力与覆盖面极广

网络思想政治教育载体承载的思想政治教育内容具有海涵性，它的传播辐射范围也具有广泛性。从横向来看，随着网络技术功能的进一步完善，网络思想政治教育载体功能也更加多样化。目前，相关网站、App、微博、微信等软件的开发，也给网络思想政治教育带来了新的机遇。载体选择范围的广泛性直接带动了载体传播领域的多元化，推动了受众规模的几何级增长。从纵向来看，随着基础设施与多元化移动终端的应用服务，各类社群的功能性得到了极大的延伸，传播方式从"一对多"变为了"多对多"的网状传播，当前网络社群的基本构成形式就是由多个具有认同感的网络用户，通过各种网络应用，如论坛、微博等联结在一起而组成的群体，一般来说是由社群领导者、核心参与者以及多个活跃用户组成的，因此，它的传播呈网状扩散，并且节点与节点之间是不规则分布的，不是传统的一对一或者一对多的传播，而是跨级别跳跃式的多层次传播。

（三）隐蔽性和渗透性极强

心理学研究表明：人在无意识状态下更容易无抵抗地、自然而然地接受外界刺激和信息，这种润物细无声的教育往往能起到很好的教育效果。不同于传统思想政治教育具有清晰明确的目的，网络思想政治教育载体往往不容易被教育对象察觉，它巧妙地蕴含了思想政治教育信息，通过隐晦而自然的方式吸引教育对象的关注，使其在无意识的状态下接受相关信息，从而达到思政教育的目的。正是基于网络思想政治教育载体方式的多样性和丰富性，使得思想政治教育突破了常规课堂教育形式的局限，教育方式更加灵活，教育节奏也更有弹性。网络思想政治教育载体的渗透性主要是从载体的深度而言，集中体现在将思想政治教育内容和目的融为一体的前提下，能够更加有效地把线下思想政治教育工作通过网络渗透到经济工作、业务工作中，并与各种具体工作有机结合起来。在充分尊重人的思想发展规律的基础上，重在从心理层面入手，让受教育者感到自然和轻松，有效化解思想政治教育过程中的戒备心理、逆反心理和对抗心理，让人们能够在日常的、放松的状态下不知不觉地了解和认同，在接受道德熏陶和灵魂洗礼的过程中实现思想政治教育的目的。

三、构建高校网络思想政治教育内容体系

体系是指有关事物互相联系而构成的一个系统的整体。高校网络思想政治教育内容体系是指与高校大学生网络思想政治教育内容相关的构成要素互相联系构成的一个系统的整体。构建高校网络思想政治教育内容体系，首先要理清传统思想政治教育与网络思想政治教育两个概念。由于网络世界是依存于现实世界，并对现实世界的延伸，因此构建高校网络思想政治教育内容体系的前提是必须正确把握网络思想政治教育与传统思想政治教育的区别与联系。网络思想政治教育是传统思想政治教育的延伸和发展，因此网络思想政治教育与传统思想政治教育在本质上和教育目的上是相同的，都是要进一步提升大学生的思想道德修养，这便决定了两者在教育内容上也是基本相同的。但是，两者在表现形式上有很大的不同。网络思想政治教育内容是以网络为载体，以多种形式、多种渠道进行传播的。而传统的思想政治教育则是利用传统的教学形式进行单向的传递。大学生网络思想政治教育内容是以网络为媒体的，没有网络，也就不存在网络思想政治教育内容。所以，在构建大学生网络思想政治教育内容体系时，应把大学生网络思想政治教育内容与网络结合在一起，且必须符合网络的特征。同时，网络中的主体也不再是现实中的大学生，而是虚拟的主体。因此，大学生网络思想政治教育内容体系是一个由大学生主体、网络媒介和思想政治教育内容组成的三位一体的内容体系。

（一）以大学生主体为中心的架构

1. 以理想信念教育为核心，加强"三观"教育

理想信念教育不仅是高校思想政治教育的核心，也是大学生网络思想政治教育的核心内容。我们要准确把握理想信念教育的科学内涵，把握现阶段大学生理想信念教育的重点一是进行"四有"公民教育，二是加强"四信"教育。大学生的理想信念教育要紧紧围绕对马克思主义的信仰、对社会主义的信念、对改革开放和现代化建设的信心、对党的领导的信任这四个重大问题展开，引

导大学生正确认识社会主义发展的历史进程，从而坚定理想信念，增强前进信心。

高校网络思政教育内容的核心，在于坚持开展大学生的"三观"教育，潜移默化地影响大学生，让他们树立正确、高尚的信仰和坚定的信念，拥有对社会、对未来的信心和信任（以下简称"四信"教育）。网络言论的自由随意和良莠不齐，让网络育人环境变化多端，也让大学生"三观""四信"的形成受到了一定的威胁。所以，高校要正视这一问题，充分调动网络新媒体的优势，长期不懈地进行"三观""四信"教育。党的十八大指出，要全面深入开展理想信念教育，把广大群众团结和凝聚在中国特色社会主义伟大的旗帜之下，因此在学校的"四信"引导工作中，要重点开展对大学生的信念教育。一方面，长期通过课堂教育、校园活动、网站教育等形式让我党先进的理念充实大学生的思想，帮助及引导大学生认清社会形势，树立正确的三观，保持正确的政治信仰，持有科学的政治态度。高校要重点加强大一学生的入学教育，通过信念规划引导大学生树立长远的目标。另一方面，要加强网络言论的引导工作，有效利用敏感话题和热点问题，及时引导、扭转大学生群体的思想观念，掌握网络育人工程的主动权和话语权①。

2. 以爱国主义教育为重点，突出民族精神教育

爱国主义教育是大学生网络思想政治教育的重要内容，是引导大学生树立正确的理想、信念和"三观"的基础。因此，构建大学生思想政治教育内容要以爱国主义教育为重点，深入进行弘扬和培育民族精神教育，把以爱国主义为核心的民族精神教育与以改革创新为核心的时代精神教育结合起来，引导大学生在中国特色社会主义事业的伟大实践中，培养其爱国情怀、改革精神和创新能力，使之始终保持艰苦奋斗的作风和昂扬向上的精神状态。

3. 以基本道德规范为基础，突出公民道德教育

公民道德教育是提高全民素质的一项基础性工程，也是大学生网络思想政治教育的基础性内容。从我国历史和现实的国情出发，公民道德建设要坚持以为人民服务为核心，以集体主义为原则，以爱祖国、爱人民、爱劳动、爱科学、爱社会主义为基本要求，以社会公德、职业道德、家庭美德为着力点。以《公民道德建设实施纲要》提出的"爱国守法、明礼诚信、团结友善、勤俭自强、敬业奉献"作为每个公民都应该遵守的基本规范。这 20 个字，涵盖了社会生活的各个领域，既具有鲜明的民族色彩，又体现了强烈的时代精神。公民

---

① 刘慧. 完善高校网络思想政治教育体系研究 [D]. 赣州：江西理工大学，2013.

道德规范言简意赅，科学准确地集中概括了社会主义道德的基本精神和原则，是全社会最基本的道德要求和规范，是每个公民尤其是大学生应该遵循的最基本的行为准则。

4. 以大学生全面发展为目标，突出素质教育

以大学生全面发展为目标，突出素质教育，就是要以素质教育为依托和支撑，拓展和延伸大学生网络思想政治教育的内容空间，寻求两者相互促进、共同提高的结合点，实现两者的良性互动，促进大学生思想道德素质、科学文化素质和身体心理素质的协调发展。大学生全面素质教育在注重思想道德素质教育的基础上，还要强调对人文素质和心理健康两个方面的教育内容。第一，要高度重视人文素质教育。实施素质教育要通过人文知识的教育和人文精神的熏陶，广泛汲取文、史、哲、艺等丰富内容，以其知识性、启迪性、趣味性吸引人、感动人，给人以智慧和力量，以丰富人的内心世界、充实人的文化生活、确立人的理想信念、提升人的精神境界。第二，大力加强心理健康教育。网络社会的开放性、复杂性、易变性，尤其是受多元价值观的冲击，大学生的心理问题日益突出，导致某些大学生出现不同程度的心理失衡、心理障碍和心理疾病。因此，要大力加强对大学生的心理健康教育，根据大学生的心理特点，有针对性地讲授心理健康知识，开展辅导或咨询活动，以帮助大学生树立心理健康意识，优化心理品质，增强心理调适能力和对社会生活的适应能力，预防和缓解心理问题，帮助他们处理好环境适应、自我管理、学习成才、人际交往、交友恋爱、求职择业、人格发展和情绪调节等方面的困惑，提高大学生的心理调节能力，培养良好的心理品质。

大学生网络思想政治教育要取得理想的效果，需要正确认识教育对象的差异性和层次性，并在此基础上有针对性地选择教育内容和教育方式。尤其是在当前信息网络化的条件下，大学生群体的分化进一步加大，不但原有的一些大学生群体类型在网络上显示出其思想观念和行为方式的差异性和特殊性，而且还产生了新的群体类型。因此，高校在开展网络思想政治教育时，要从大学生网络行为的特点出发，根据教育对象的类型差异、层次差异和个体差异采取不同的教育内容和教育方式，真正做到"一把钥匙开一把锁""对症下药"，防止思想政治教育的一般化、表面化和形式化。

（二）以网络思想政治教育内容为中心的架构

以网络思想政治教育内容为中心的架构，就是把网络思想政治教育的具体内容置于高校网络思想政治教育内容体系的中心地位，让网络媒介和大学生均服从于网络思想政治教育体系。

在该架构中，可以充分体现网络思想政治教育内容的完整性和层次性，这对参与和接受网络思想政治教育的大学生而言是有益的。以网络思想政治教育内容为中心的架构可以将网络思想政治教育内容分为网络思想教育、网络政治教育、网络道德教育、网络心理教育等四个方面。

1. 网络思想教育

网络思想教育主要是指运用网络载体，对大学生进行世界观、方法论的教育。它包括科学的世界观、人生观、价值观教育，科学发展观教育、马克思主义唯物论、无神论、科学精神教育，创新精神教育，艰苦奋斗精神教育等。

2. 网络政治教育

网络政治教育主要是指运用网络载体，对大学生进行政治理想、政治信念、政治方向、政治立场、政治观点、政治情感、政治纪律等方面的教育。它的具体内容包括爱国主义、社会主义教育理想信念教育，党的基本理论、基本路线、基本纲领、民主与法制教育，基本国情、军事理论教育，形势政策教育等。

3. 网络道德教育

网络道德教育主要是指运用网络载体，对大学生进行道德行为规范的教育。它的具体内容包括社会主义道德教育、社会公德教育、职业道德教育、家庭美德教育、环境道德教育、科技道德教育等。

4. 网络心理教育

网络心理教育主要是指运用网络载体提高大学生心理素质的教育。它的具体内容包括心理现象知识教育、心理健康指导教育、心理疾病的预防与咨询教育等。

综上所述，以上两种不同的架构，在高校网络思想政治教育内容体系中彼此联系，但又有所不同，它们分别从不同的侧重点构建了高校网络思想政治教育的内容体系，从而导致了高校网络思想政治教育内容结构的变化。

第四节　创新网络思政教育载体的实施路径

一、加强大学生网络思政教育的理论研究

大学生网络思想政治教育是思想政治教育的新兴领域，需要科学理论的系统指导。当前，网络社会不断与现实社会相互融合，网络文化日益复杂多元，网络技术迅猛发展。因此，对大学生网络思想政治教育的理论研究必须随着网

络的发展加速深化，不仅要满足现状的发展，而且要对未来网络思想政治教育的发展方向，提出建设性的指导意见。这是当前大学生网络思想政治教育的基础工程。

（一）提高教育者的认识水平

高校思想政治教育者对大学生具有思想价值引领的作用，因此作为教育者，自身应当具备开阔的理论视野，扎实的思想理论基础，善于学习和接受科学真理，学习先进的教育理念和方法，武装自己的同时武装别人，这样才能做到创造性地工作，增强思想政治教育的针对性和实效性。在收集、提炼国内外相关学科和思想政治教育最新成果的基础上，结合各个学校的具体情况，用辩证的、系统的方法对高校网络思想政治教育所面临的现实问题进行分析和研究，从"工具"和"环境"两个方面综合把握网络及网络思想政治教育，充分揭示大学生网络思想政治教育本质规律。此外，大学生网络思想政治教育的原则、理念、途径、载体、方法、技巧等，都具有不同于传统思想政治教育的特点，都需要高校思想政治教育者做出理论上的创新。

（二）明确思想政治教育的研究内容

当前，大学生网络思想政治教育的理论研究主要集中在两个方面，一是对网络环境下的大学生思想政治教育的研究，主要研究传统的思想政治教育在网络环境下从理念到内容、手段、机制与组织方式该怎样发展和创新，同时还涵盖了网络思想政治教育体系的构建问题。包括针对网络教育环境（网络社会大环境、受教育对象所处的现实环境、实施教育的网络平台）进行综合研究，分析网络环境对大学生网络受众的影响，以及网络化社会环境下大学生学习、生活乃至思想、心理产生的新特点。二是基于网络的思想政治教育研究，包括网络文化与思想政治教育的话语创新，即针对大学生的网络表达方式和习惯来提高网络思想政治教育平台的有效性和吸引力。

（三）拓展网络思想政治教育的学习领域

大学生网络思想政治教育的开展，使思想政治教育理论的跨学科研究变得更加紧迫。计算机基础知识、网络基础知识以及传播学的基本原理，都成为网络思想政治教育学的重要基础知识和理论。高校思想政治教育者在掌握法学、政治学、教育学等基础理论和最新的形势政策的基础上，还必须充分吸收其他相关学科如心理学、伦理学、管理学、计算机信息技术等方面的理论知识，并密切关注其他学科和其他国家的相关最新理论成果，结合最新的网络形态和大学生网络行为方式，才能使思想政治教育理论研究与时俱进、不断创新，从而对思想政治教育实践提供有效的理论指导。

（四）丰富网络思想政治教育的课程体系

各级教育行政主管部门和高校应根据《中共中央宣传部 教育部关于进一步加强和改进高等学校思想政治理论课的意见》《〈中共中央宣传部 教育部关于进一步加强和改进高等学校思想政治理论课的意见〉实施方案》两个文件，制定相关政策，做好高校思想政治理论课"方案"的实施工作。根据地区和高校的实际情况，在不断加强高校思想政治理论课建设的基础上，将网络思想政治教育作为其中一部分内容，纳入教材体系和课程安排。根据学校的具体情况，可考虑将大学生网络思想政治教育单独开设为公共选修课，坚持实用为主的原则，以案例教学和实践教学为主要教学方式，进一步探索和丰富高校思想政治理论课的新内容。

（五）完善科研保障机制

国家各级教育行政主管部门和高校要充分认识到，加强大学生网络思想政治教育的理论研究是进一步加强大学生思想政治教育的迫切需求，是实施高校宣传思想工作和思想政治理论课的必然需求。各级教育行政主管部门要重点做好政策导向和科研总体规划。各级教育主管部门要稳抓大学生思想政治教育的理论探索和政策研究，应对大学生网络思想政治教育的科研项目和成果进行政策倾斜，鼓励其发展壮大。例如，重庆市教育委员会与重庆市委宣传部、社科联，把大学生思想政治教育研究列入全市哲学社会科学重大选题，加大了支持和投入力度。组织力量围绕加强和改进大学生思想政治教育的长效机制、大学生思想政治教育考核评估体系等开展研究，其中包括大量大学生网络思想政治教育的课题，以重庆工商大学为代表的多所高校在大学生网络思想政治教育理论研究中取得了十足进步，形成了大量高质量的科研成果，成为重庆高校大学生网络思想政治教育理论研究及实践探索的一面旗帜。除此之外，重庆邮电大学多次主办"全国高校网络思想政治工作研讨会"，对重庆市大学生网络思想政治教育理论研究及工作发展起到了促进作用。会议提出各高校要建立相应的保障制度，各级教育主管部门和高校应不断改善相关科研人员的办公场地，完善图书馆和资料室的相关书籍资料，重视相关教师和研究人员的考核评价体系、职务评聘体系、表彰奖励机制的建设与完善，为相关人员进行大学生网络思想政治教育的理论研究创造有利条件。

二、加强大学生网络思政教育队伍的建设

队伍建设是现阶段大学高校网络思想政治教育的重要方面和薄弱环节，当前大学生网络思想政治教育发展受到诸多因素的限制，其中最重要的一个因素就是缺乏一支高素质的专业网络思想政治教育工作队伍。各高校"要培养一支既具有较高的政治理论水平、熟悉思想政治工作规律，又能较有效地掌握网络技术、熟悉网络文化特点，能够在网络上进行思想政治教育工作的队伍"。这是做好网络思想政治教育的重要组织保证。

（一）强化大学生网络思政教育者的基本素养

要建设高素质的大学生网络思想政治教育工作队伍，首先要强化大学生网络思想政治教育者四项基本素质：

1. 具有坚定的思想政治品质

思想政治品质是思想政治教育者必须具备的基本素质，它包括政治观点、思想观念和政治品质等，这是我国社会主义性质对思想政治教育者的基本要求。对于大学生网络思想政治教育者而言，打铁必须自身硬，大学生网络思想政治教育者只有在具备了坚定的思想政治素质后，才能在纷繁复杂的网络文化中保持清醒的头脑和敏锐的洞察力，从而有立场、有尺度地进行网络思想政治教育。

2. 提升创新力、探索力和挑战力

"创新是一个民族进步的灵魂，是一个国家兴旺发达的不竭动力。"高校网络思想政治教育是一个新兴领域，要求高校网络思想政治教育者掌握新方法、具有新思维，在工作中不断探索，掌握高校网络思想政治教育的规律，并不断创新和发展，以寻求更加有效的工作方法。

3. 具有与时俱进的精神

与时俱进是马克思主义的理论品质。大学生网络思想政治教育是一项发展中的工作，它随着网络的发展飞速向前。在高校网络思想政治教育中，受教育的对象是广大高校学生，他们是一个具有很大变化性的群体，在这一群体中，会随时出现新思维、新方法和新观念。因此，要求大学生网络思想政治教育者必须具备与时俱进的精神，适应变化着的时代条件，积极进行创造性的理论和方法探索，从而能在不同的时期、在不同的要求下，采取具体的方法与措施，有针对性地开展网络思想政治教育。

4. 熟练掌握网络技术、网络沟通技巧

高校网络思想政治教育要求教育者能够实现对大学生进行思想引领，这就要求他们必须具备一定程度的网络技术和技能，并且对网络流行语言、网络现象、常用网络聊天工具以及基本的网络文化概念等有一定的广度和深度的理解和把握，这样才能与网络思想政治教育的主要对象——网络受众大学生之间消除隔阂，打成一片，处在同一平台，形成平等对话的良好交流局面，接下来才能进一步展开对网络受众——大学生思想政治状况的调查、了解、分析和引导。

（二）搭建科学合理的大学生网络思政教育队伍

1. 成立组织领导机构

大学生网络思想政治教育队伍的建设，有必要成立专门的组织领导机构。组织领导机构应该根据学校具体情况，由党委领导牵头，办公室、宣传工作、学生工作、网络技术、安全保卫等相关部门负责人参与。要明确各个部门的职责与权利，分工明确，配合到位，执行有力。宣传部门要负责大学生网络思想政治教育平台内容的政治把关，网络技术部门应负责大学生网络思想政治教育的技术工作，此外还应尽量设立大学生网络思想政治教育办公室，将其作为常设机构处理日常事务，做好组织协调等工作。

2. 建立校园网络信息分层管理体系

第一层，学校网络信息管理领导小组，由主管校园网信息的校领导牵头，相关部门负责人参加，对校园网络信息进行总体管理。第二层，各教学院系安排专人管理本单位相关网站信息，如需要可参照学校院系的形式，成立网络信息管理小组。第三层，成立学生社区局域网管理委员会，负责制定学生社区局域网络管理制度，发布、监督、引导局域网信息。第四层，以每栋学生宿舍楼为基本单位建立管理小组，小组成员可由学生社区局域网管理委员会聘请本栋宿舍学生组成，承担本单位网络服务、信息监督、技术支持、用户数据的收集与统计等工作。

（三）明确大学生网络思政教育工作队伍的基本工作原则

1. 坚持网络与现实并重的原则

将网络与现实并重作为大学生网络思想政治教育的第一基本工作原则，有其历史原因。在大学生网络思想政治教育的初期，出现过推行思想政治教育的网络管理的热潮，极大地增强了思想政治教育的效率和效果。但是在享受网络信息方便快捷的同时，出现了所谓的"鼠标辅导员"和"鼠标干部"现象，即少数的思想政治教育者和政工干部认为网络思想政治教育就应该"从网络里来，到网络中去"和"盯着网上不出事就行"，过分的依托网络办公，将绝大多数办公时间消耗在网络和电脑上，没有将网络与现实相结合。由此产生的不良结果就是辅导员脱离了学生，领导脱离了群众，使网络思想政治教育者逐渐失去了脚踏实地的工作态度和紧密联系群众的优良作风。大学生网络思想政治教育中的内容、载体和主体等发生的巨大、飞速的变化决定了在大学生网络思想政治教育中坚持网络与现实并重的必要性。要求大学生网络思想政治教育时刻把握现实中大学生的现实诉求和舆论方向，并根据不同类型的大学生群体和个体特征进行分类指导。

2. 坚持主动宣传与互动交流相结合的原则

要正确处理和把握主动宣传与互动交流之间的关系。第一要主动宣传，互联网时代的到来使众多宣传思想工作新的领域和新的阵地开始出现，网络就是其中最主要的一个部分。在网络时代的思想政治领域中，不同意识形态之间的斗争更加激烈，对舆论的监督和控制难度也更大。网络思想政治教育者应该采取一切方式争取主动，占据有利时机，占据重大敏感事件和该领域的制高点，达到最佳的网络宣传效果。第二要互动交流，要求建立、维护新一代的网络思想政治教育者与教育对象之间的关系，他们之间是平等的互动关系，这本质上是由网络的互动性特征决定的。在网络平台中交流，无论是网络思想政治工作者还是受教育对象，他们都处于平等的地位，并且具有自主选择信息的权利。

第五节　网络思政教育的监管措施

一、政府加强网络立法管理

1. 用现实社会中的合法性标准规范网络社会

其实，网络上的虚拟社会与现实社会并没有多大的实质区别，在一定程度上网络社会可以说是现实社会在网络上的延伸，网络社会中的沟通是通过电子屏幕和交流文本来替代现实社会中人与人直面的交流。因此，应用现实社会的标准来判断网络所传播的信息是否合法。比如，在现实社会中被认为属于非法的、应禁止传播的东西，在网络社会中也应该是属于非法的、应禁止传播的东西。所以，政府在加强网络立法管理，完善网络立法时可以参见现实社会中的法律法规。而且，网络"法"的确立不应该只局限于现实世界当中人们对于运用网络的行为约束，还必须考虑到虚拟社会内部的法律约束问题，即虚拟社会内部成员之间的法律约束。从长远来看，网络虚拟社会只有在完善的法律制度的监督下运行，才能为大学生成长提供更丰富、更安全的情感需求保障。同时，还可以运用现实社会中的经济和行政手段作为网络立法管理的补充，通过这些手段提高互联网犯罪的成本，从而减少网络犯罪行为的发生。

2. 完善运用网络载体的相关立法

网络文明的实现需要政府适度的管制。所谓适度管制，就是以达到网络自由和网络秩序的和谐为最终目标。那种以网络社会不同于现实社会为由，打着维护言论自由的旗号，要求政府放松甚至放弃网络监管的主张，实质上会使网络社会处于无秩序状态，是一种不负责任的态度。在虚拟的网络世界里，必须相关的规则和制度，以规则制约，以制度管控，使各种不同利益诉求的用户群体，能够相互包容、相互融合，共同构筑和谐、安全、法治的网络空间。首先，政府要加强网络立法，建立和健全网络社会的法律制度，使网络社会有法可循、有法可依。网络管制最有效的方式就是法治，一些发达国家和地区由于互联网发展比较早，网络立法也起步也相对较早，例如欧盟在 1995 年时即颁布了《欧盟数据保护指令》等一系列的网络相关法律，用于规范和矫正网络时代的社会行为，以维护网络社会安全。虽然我国互联网起步相对较晚，但由于社会发展的需求，网络发展进程中出现的各种矛盾，迫使我们国家也相继建立了规范信息网络运营管理的一系列法规，如《中华人民共和国计算机信息系统安全保护条例》《计算机信息系统国际联网保密管理规定》《中华人民共和国计算机信息网络国际联网管理暂行规定》等，这些规定和条例在一定程度上维护了我国互联网的信息安全与发展。但是纵观我国互联网出现的一些现实矛盾，相关法律和法规还有待进一步健全和完善。

在具体完善方面，应制定网络准入制度。第一，实行互联网登记制度，通过登记来保证对网络的有效控制。第二，推行电子审查制度，对网络用户的身份进行审查，对那些曾经传播污染信息、电脑病毒或者有过信息侵权、网络犯罪行为的人在一定时间内剥夺其联网或上传信息的权利。第三，建立标准化管理制度，制定出上传信息的统一规范的标志，诸如涉及版权纠纷的版权标志，是否泄密的密级标志和涉及年龄段的分级标志。此外，还应建立并完善联网电脑的管理制度，确保强化联网电脑的安全使用；等等。

二、高校应完善网络监控管理

（一）坚持正面宣传和引导原则

高校对大学生思想政治教育网络载体的运用必须坚持正面宣传和引导原则。大学生通过互动性很强的论坛、贴吧、微博、微信等，随时发帖、发表言论，遇到事情时很容易受到彼此情绪的感染，出现非理性、情绪化、乱起哄的情况，严重时这种网上的激情还会演变成网下的行动，从而对现实社会产生冲击。因此，高校无论何时都不能放松对大学生网民、对网络舆论的引导，必须坚持正面宣传，适时适当地引导大学生之间的交流，使大学生网上的负面情绪能有序地流动。目前，华东理工大学、上海电力学院等高校都开设了"校长、书记网上谈心窗"，开辟了学生与校领导直接交流的渠道；上海师范大学在网络电台上开设了党委书记、校长与学生互动的频道，即时回答学生提出的各类问题，此外该校金融学院还在网上设置了辅导员与学生直接沟通的窗口，这些形式多样的正面宣传和引导深受大学生的欢迎。

（二）完善高校信息监控机制

网络信息发布与传送具有一定的迅捷性、隐匿性、交互性，这既是其特点和优势，但同时也给一些错误的思想和观点的渗透以及传播提供了一定的便利，给高校管理以及当代大学生的健康成长带来了一定的负面影响。因此，加强高校网络信息监控管理刻不容缓。建立和完善高校网络信息监控机制，其目的就是使高校网络所传播的内容与党和国家的方针政策、法律法规保持高度一致，使高校网络真正成为大学生思想政治教育的主阵地。在网络监管过程中，教育者要针对网络信息进行严格监控，采取科学有效的技术手段屏蔽、限制、删除一些有不利于大学生健康成长的内容，屏蔽传播这类信息的站点，清除"垃圾"、扫清"流毒"。在遭到恶意性质的破坏或篡改时，要能够及时恢复其本来面貌，做到正本清源，确保思想政治教育网络信息的正确指导方向。另外，完善高校信息审查机制，建立起网络信息审查的常设机构，制定网络信息审查制度，对大学生信息的发布进行审查和管理，通过审查、监控来规范大学生的网络行为，对网上反动、黄色、庸俗不健康的内容进行清理，通过审查、监控及时发现大学生中存在的思想问题并及时进行有针对性的教育。此外，建设网络应急干预机制，对网络上的突发事件或者负面舆情要有紧急的应对措施。目前，上海的大多数高校已建立了由党委领导的网络信息管理委员会，构建了网上信息监控体系和网络应急干预机制。

三、教育者强化网络目标管理

目标管理是管理学上的一种管理方法，由管理学大师彼特·德鲁克在其1954年出版的《管理的实践》一书中提出。根据他的观点，目标管理要达到两个核心目的，一个是激励，一个是控制。通过设定目标对整个组织的行为进行控制，从这一点来说，管理就不光是设定目标，还要将整个组织的各种资源调动起来，围绕目标往前走，这就需要不断对工作进行追踪，并采取一定的控制措施，防止偏离目标的行为发生，保证目标的实现。思想政治教育者可以将目标管理的法则运用到网络载体的使用上，根据学生的思想情况和学习表现，鼓励学生制订自己的学期学习计划、年度学习目标和大学生涯规划等。然后教育者根据各个学生的表现建立网络个人档案，并且在日常学习、生活的过程中，不断通过学生制订的目标和计划督促他们。对他们的学习和生活通过网上聊天、博客、网络课堂等进行沟通和了解，针对他们偏离正常轨道的思想和行为及时进行纠正，通过网络载体的追踪和调查把大学生在日常生活中反映出来的一些错误观点扼杀在萌芽状态。这种网络上一对一、一对多的学习指导，不但及时而且具有私密性，简便易行。教育者通过网络载体进行教育目标管理不但可以了解、引导学生个体的思想和学习状态，而且可以有效地防止整个班级管理的运作走上歧途。

四、提高大学生网络自我管理

（一）组建精干的网络自我管理队伍

网络信息的多样化和及时性单凭高校管理层和教育主体的管理力量是远远不够的，加强网络思想政治教育的管理最终主要力量还是要依靠大学生自身，增强大学生网络自我管理队伍的建设，实现管理与自我管理相结合。网络自我管理队伍的主要职责是引导大学生自觉主动地遏制"网络黄毒"的传播，协助学校监测不良网络信息，为学生提供一定范围的网络服务等。因此，在选择大学生自我管理队伍成员时，首先必须要求管理人员具备过硬的政治素养。因为只有网络管理人员自身具有坚定的理想信念，才能正确引导广大学生树立正确的世界观、人生观和价值观。其次，网络管理人员还必须具有较强的网络信息处理技术和能力。当一些不健康的信息发布到网络上时，网络管理人员能够在第一时间做出相应的操作，如删除、回帖等，营造网络干净、健康的空间。当有黑客攻击学校网络时，网络管理人员可以破解疑难、解除危机。最后，在网络自我管理队伍成员的选择上，可以采取自荐和他荐相结合的原则。通过自主报名、公开竞聘、民主选举等程序产生，对于网络操作技术熟练、思想觉悟较高的学生，必将优先考虑录用。因此，在学期初期可以有针对性地开展相关的学生活动，并在活动过程中筛选一些政治素质过硬、网络技术较高的学生，加入网络管理的队伍中来，并由学校和学院给予一定的经济补助，这样可以保证网络自我管理队伍的良性可持续发展。另外，还要对大学生网络自我管理队伍进行积极的引导，通过提高网络自我管理队伍成员正确分析问题和解决问题的能力，形成总体健康良好的、符合大学生成长需要的网络环境，把培养大学生的自我教育、自我约束、自我负责的意识和能力作为工作的重要目标之一。在网络的各种思潮冲击中锻炼大学生的思辨能力和正确的、理性的沟通交流能力以及自我管理、自我服务能力，最终实现通过大学生自主思考和行为调适能力的完善，建成一支大学生自我教育、自我管理、自我约束和自我服务的网络管理队伍。

（二）提高网络执法人员的信息素质

运用思想政治教育网络载体进行教育的网络执法人员主要包括教师和学生

两大类。提高网络执法人员的信息意识是指提高他们对信息的敏感度，捕捉、分析、判断和吸收信息的自觉程度。网络执法人员信息意识的广度和敏锐度，直接关系到他本人的思想政治教育水平和创造性人才的培养水准。

提高网络执法人员把握信息的能力主要包括以下三个方面：首先，提高网络执法人员信息获取能力即搜集信息的能力，它包括了解网络环境、会使用一般的网络工具，可以从网络上获取思想政治教育工作信息的能力。网络执法人员的这种能力可以使网站或者论坛每时都有新鲜信息，从而吸引大学生的关注，使之具有吸引力。其次，要提高网络执法人员对网络信息的辨别力，要建立健康的校园网站，网络执法人员在将大量的信息发布到网络之前，必须进行筛选和辨别。因此，提高网络执法人员对网络信息的辨别力是网络信息健康的重要保障，主要包括把有益信息挑选出来的能力、把无益信息剔除出去以及把无益信息可能带来的危害教导给其他人的能力。通过网络执法人员的管理可以让大学生在纷繁复杂的信息中得到对自己学习和生活有帮助的信息。最后，要提高网络执法人员的信息处理能力，包括信息技术的应用能力，信息查询能力，信息组织、加工、分析能力等。